住谷光一

続 水戸光圀の餘香を訪ねて

◆水戸史学選書◆

企画 水戸史学会
発行 錦正社

森山朝光作義公立像

（常磐神社義烈館蔵）

水戸光圀関係史跡図

金成家
大雄院
長山家
大神宮
虚空蔵尊
六地蔵寺
常福寺
静神社
鈴木家
祇園寺
浄堅寺
大場家
杲泰寺
長勝寺
石田家
北茨城市
北茨城
高萩市
高萩
大子町
日立北
日立市
日立中央
常陸大宮市
常陸太田市
日立南太田
城里町
那珂市
那珂
東海村
ひたちなか市
水戸
水戸市
笠間市
笠間西
桜川筑西
桜川市
筑西市
友部
友部JCT
茨城町西
茨城町
茨城町東
水戸南
大洗町
岩間
石岡市
茨城空港北
小美玉市
鉾田市
下妻市
千代町
千代田石岡
土浦北
土浦市
かすみがうら市
つくば市
常総市
つくば中央
谷田部
つくばJCT
桜土浦
行方市
霞ヶ浦
北浦
美浦村
牛久阿見
阿見町
鹿嶋市
つくばみらい市
つくば牛久
牛久市
阿見東
稲敷
稲敷市
潮来市
潮来
守谷市
龍ヶ崎市
取手市
河内町
利根町
神栖市
6
118
50
51

序

水戸史學會　会長　宮田正彦

前回の出版より四年、著者は再び続編を世に問ふこととなつた。

前回は主として久慈川の清流を溯つたが、今回は南行して潮来方面に向ひ、また、北行して太平洋沿岸地域の「餘香」を尋ねた記録である。勿論、義公光圀の餘香を尋ねるその手法は前回に変りはないが、その執筆の態度及び著者の人柄とその志に就いては前回の序文で述べたので、繁を避けて今回は割愛する。

一体、著者の敬慕して止まない義公といふ人は如何なる人物なのであらうか。

それは、本水戸史學會の前会長故名越時正氏の著書『新版水戸光圀』（錦正社発行）によつて御承知の通りであり、改めて云ふまでもなく、義公は近世日本の生んだ偉人である。

近世史上、俊才傑士は綺羅星のごとくあるけれども、義公ほど偉大な影響を残した人物はゐない。その学問の広さに於て、その人徳の豊かさに於て、或は比肩する者はあるであらうが、大政奉還を導き出した功績は、何人もこれを越えることはできない。而して、大政奉還の一事が水戸藩の理念を実現させたものであるといふならば、それこそ義公の遺猷に他ならぬ。義公の遺言「君君たらずとも臣臣たらざるべからず」の句は、代々の藩主の遵守するところであつた。慶喜が伊藤博文に語つた「私は水戸の出であるから」といふ一言が全てを物語つてゐる。

水戸藩に於いては、歴代の藩主も代々の士人も、心ある人物はみな義公を仰ぎ、義公を師とした。文公然り、武公然り、烈公然り、藤田幽谷然り。而して幽谷門の多士済々、出でて国家の大任を担つた。藩政に於ける義公の遺猷は明らかである。

しからば義公巡村の目的は何であつたらうか。無論、民情視察は藩政の重大事であることといふをまたない。更には、梅里先生碑陰の文に、「月ノ夕花ノ朝、酒ヲ斟ンデ意ニ適セバ、詩ヲ吟ジ情ヲ放ニス」（原漢文）と述べた風流を愛する心も無論充分あつたであらう。各舊家や寺社に残る古文書・系図あるひは仏像の類の、発掘・評価そして修復など、興廃継絶の大願のもと、大日本史編纂事業を補足しようとの意図もあつたことであらう。

だが、質素を旨とするとはいひながら一藩を代表する人物の旅行となれば、お供も加はれば、接待する側に於いても決して粗略には出来ない。名家舊寺といへども、その接待には神経をくばつたことであらう。他人を大切にする義公が、民情視察とはいひ條、個人的な趣味による漫遊旅行を、かくも屢々試みたとは思へない。

水戸家は新規取立の家であり、その家臣団も寄せ集めであつた。すなはち、水戸といふ土地に何等の根を持たぬ家であつた。その土地に根を下しその土地の人々から信頼される家となるために、そして、鎌倉時代からこの地に勢力を張つた佐竹氏の遺影を拂拭するためにも、藩主たる者は深遠の工夫と実践とを必要としたはずである。義公の回村は単なる趣味や遊興ではなかつたと考へざるをえない。それは一つの藩を確立させ子々孫々へ残す為の工夫のひとつであつた。さてこそ、佐竹の遺風は完全に拂拭され、ここに御三家水戸藩が確立するのである。それこそはまた義公の遺猷であつたのだ。

読者は、著者の手によつて次々と繙かれる昔日の物語の中に、藩主としての大任を担ひつつなほ悠然たる義公の俤を垣間見ることであらう。

平成二十三年六月吉日

はじめに

千年に一度といわれる平成二十三年（二〇一一）三月十一日の東日本を襲った大地震は、大津波と福島第一原子力発電所の原子炉溶融により、苛酷ともいえる未曾有の大災害をもたらした。その惨禍はわが国の歴史に永遠に記録されるであろう。しかしそのような中にも、整然と、自制した行動をとっている多くの日本人に対し、世界各地から称賛の声が寄せられていることは一つの救いである。かつてラフカディオ・ハーンは、「日本の真の力はこの国の一般庶民の――百姓とか漁夫とか、職人とか労働者とか――つまりわれわれの見かける田圃で根気よくひっそりと立ち働いている人たちや都市の裏通りなどで、つまらぬ手仕事か商売をやっている人たちの精神力のなかに存するのである」と明治の日本を喝破したが、今回の災害の中で、その美徳はいまだ失われていないことを我々は見た。

さらには、天皇皇后両陛下が現地にお出ましになり、犠牲者に敬虔な祈りを捧げられる御姿や、被災者を元気づけられ勇気を与えられている様子が報道されると、国民はいまさらながら、わが国の国柄について思いを新たにしているところでもある。

災害の種類大小はさておき、このような事実はわが国の歴史の中にしばしば見られるところであるが、その国柄について強く意識したのが江戸期の義公である。元禄四年（一六九一）五月に引退してからは、西山荘の庭の一角に平石をしつらえ、正月には威儀を正して、京都の方角に向かって遥拝することが常であったといわれる。義公畢生の事業である『大日本史』や『礼儀類典』の編纂編修が、このような自覚のうえに、慎重に行なわれたのはいうまでもなかろう。

一方藩主としての義公は、多忙な江戸での勤めのあい間にしばしば水戸に下り、民情を把握し藩民に親しむことを忘れなかった。元禄四年五月、終の棲家を太田西山に定めてからは、一層民情視察に力を注ぎ、県内各地を訪れて多くの逸話を残している。筆者がさまざまな文献を読んでは各地の義公遺跡を訪ね、今のうちにこれを記録に留めようと努めてすでに十年余となる。この間、平成十九年（二〇〇七）には『水戸光圀の餘香を訪ねて』と題し、一書にまとめ上梓した。それ以後も『水戸史学』に投稿を続け、文章も相当な分量となったので、原文に訂正を加えて再びここに上梓し、近世史上の巨人義公の知られざる一面を世に紹介しようとした。浅学非才、文章必ずしも意を尽くさないが、義公理解の一助ともなれば筆者望外の幸せである。

平成二十三年六月

著者記す

続　水戸光圀の餘香を訪ねて　目次

続　水戸光圀の餘香を訪ねて

水戸市

（一）六反田六地蔵寺

水戸市下市《しもいち》の市街地をはずれ、浜田から大洗に向かって国道五一号線を東行する。国道六号線と交差する橋をくぐると、六地蔵寺《ろくじぞうじ》はそこから直ぐのところにある。かつては国道に沿って水浜《すいひん》電車が走り、六反田という駅で電車を降りるとお寺のこんもりとした森が見えたので、それとなくわかったものである。現在の国道五一号線を車で行くと混雑することが多く、標識だけが頼りなので注意が必要である。「六地蔵寺入口」の表示のあるところで五一号線を右折し、細い道を道なりに行くと左にカーブしており、寺の塀を過ぎると駐車場がある。そこはもう境内である。

六地蔵寺は山号を倶胝密《ぐていみつ》山、院号を聖宝院と称し、奈良長谷寺《はせでら》を総本山とする真言宗豊山派《ぶざんは》の古刹である。寺伝によると、寺の開基は平安初期にあたる大同年間といわれ、室町時代の永享元年（一四二九）宥覚《ゆうかく》上人によって中興されたといわれる。室町時代中期になると、第三世恵範《えはん》上人が出て経典の収集・書写に努めたので、寺は関東地方における教学の中心となり、多くの人材を輩出したという。

六地蔵寺本堂と枝垂れ桜

この頃は寺号を「六蔵寺」と称したらしい。古くは常陸大《だい》掾《じょう》氏の庇護下《ひごか》にあり、近世にいたり佐竹氏、徳川氏との結びつきも出来た。しかし、なんといっても江戸期になって幕府から朱印を与えられ、さらに義公の庇護のもとに寺域内の整備が行なわれたことが、今日の六地蔵寺の発展に繋がったといってよいであろう。

義公がこの寺を厚く保護したのは、第三世恵範上人の学徳のお陰でもある。恵範上人は、応仁の乱後の国内が混乱におちいっていた時に現われた学僧で、世の混乱を避け地面に穴を掘ってその中で学問、自ら称して土龍《どりゅう》といったという。上人は学問に没頭し、多くの書籍や写本を残した。その数二千冊余という。義公はこれに注目し、その隠晦《いんかい》を恐れて早速保存を図ったのである。

しかし、恵範上人の学問についての詳しい紹介や研究は、大正・昭和期の到来を待たなくてはならなかった。大正十五年（一九二六）十月二十八日、南北朝時代に北畠親房《きたばたけちかふさ》公が著した『神皇正統記《じんのうしょうとうき》』の存在を明らかにするため、東京帝国大学教授平泉澄《きよし》博士が調査に訪れた。『神皇正統記』の存在を確認することは出来なかったが、それから三年間にわたる博士の徹底した研究により、恵範上人の優れた人間像と学問の深淵なることが段々明らかにされた。

昭和三年（一九二八）正月、学生有志を引き連れて三回目の調査に訪れた博士は、調査整理の終了した日の翌十三日茨城県公会堂で講演を行ない、その結果を披露された。それによれば、「六蔵寺の書物約二千冊は、殆ど何れもみな貴重なもので、誠に不思議とさえ思われるのは、それが四五百年前のものばかりで三百年此のかたのものは全く無いと云ってよい事である」といわれ、「恵範は中世に於ける特殊の学者で、あの戦国時代であるにも拘らず非常な深遠な哲学者でありまして、これは真言宗の誇りであり、又水戸の誇りであります」とも述べられている。

さらに博士は、わが国中世は普通学問の暗黒時代といわれているが、その中で関東は足利学校、関西では京都五山の学問が盛んであった。六地蔵寺は、当然のことながら関東の学風に属するが、当時は学問が素晴らしく盛んで、それには哲学的傾向がありしかも深淵であったとされる。従ってこれは真言宗のものとして貴重なばかりでなく、水戸において貴重なばかりでなく、中世におけるわが国の哲学思想、宗教思想、文学思想などを見る上でも貴重な史料として尊重しなければならない、とされたのである。

博士の研究が、恵範上人の顕彰に大きな足跡を残されたことは今更いうまでもないが、それに触発されて、水戸人の義侠の精神が発揮されたのもこの時のことである。この時に発見された平安時代の学者大江匡房《おおえのまさふさ》の『江都督納言願文集《ごうととくなごんがんもんしゅう》』を発刊するにあたり、その由来として書かれた文章の中で、博士は茨城新聞社主飯村丈三郎《じょうざぶろう》翁について次のように述べ、その義侠の精神を賞賛されている。

そこで神皇正統記の徹底的捜索の為にも、又その他の古書の顕彰の為にも、六蔵寺の蔵書を完全に整理し調査する事を必要と考え、只その実行方法について頭を悩して居りました。この時現れたのが水戸の飯村丈三郎翁であります。翁はこの事情を伝聞せられて、それは非常に結構な事だから、是非実行して貰いたい。費用の点はどこどこまでも御援助しますから、御心配なくやって貰いたいという申出がありました。

飯村翁の義心に感激して、いよ〱徹底的に調査する事になり、第一回の調査を昭和二年の三月に行ないました。但し我等としては出来る丈費用を節約して、飯村翁になるべく迷惑をかけない事を期したのであります。

飯村丈三郎翁は、筆者の卒業した中学校の創設者でもあり、中学校入学式の後、入学者全員で飯村丈三郎翁の墓参をしたことを思い出した。さらに「報恩感謝《ほうおんかんしゃ》」が翁の教育目標であることも教えられ、この時のことは今に鮮やかである。翁の義侠の精神がこのようなところにも発揮されていたことを知り、水戸人として誇りに思ったことである。

第一の目標とした『神皇正統記』の発見には残念ながら至らなかったものの、博士は整理の完成を記念し祭文を草して恵範上人の霊を祭り、失われた上人の墓を新たに建てて供養したのであった。

本堂「御成り座敷」に掲げてあるこの時の祭文を以前に見たことがあったので、平成二十年（二〇〇八）九月十七日、筆者の叔父の七回忌が六地蔵寺で行なわれた時、現住職栗原邦俊《ほうしゅん》師にお願いして博士の祭文をあらためて見せていただき、デジタルカメラに収めた。祭文は次の如くである。

維《こ》れ昭和三年一月十一日六蔵寺古書の整理その功を終ふるに當り、清浄の丘を點して供養の塔を設け、聊《いささか》か珍果を供へ嚴に經文を誦し、恭《うやうや》しく惠範大德の幽魂を弔す、顧ふに大德は生を戰國亂離《らんり》の際に享《う》け、種々の苦難に遭遇しつゝ、干戈《かんか》の騒音を外にして、博く佛教の原理を探り、哲學の奥旨を究め、先人の未だ發せざる所を明かにし、後學の容易に攀《よ》ぢ難き所を平かにし、其の著述は以て等身を誇るべく、其の書寫は爲に肥牛も汗すべし。惜い哉、土龍埋没して現はれず、大德の遺書空しく紙魚《しみ》の食むに任す事こゝに四百年、中頃一度義公の保護ありと雖も、其全體の整理と學界の紹介は實に今日に始まる、我等佛門に淺學なりといへども、且は大德好學の熱情に感激し、且は水府諸士の義心に勵まされ、よく二千の古書を整理し、聊か大德の功績を明かにするを得たり、茲《ここ》に謹んで之を大德の靈に告げ、恭しく幽魂を供養す、尚《ねがわ》くは髣髴《ほうふつ》として來り之をうけよ。

昭和三年一月十一日

東京帝國大學文學部國史學科有志總代

文學博士　平泉　澄

平泉澄博士祭文

同日暮色既に迫り黒白漸く弁じ難き時
一気に之を草し一気に之を書し畢《おわんぬ》

平泉博士のこの調査により、恵範上人の名は一般の知るところとなり、二千冊余の蔵書も内容がほゞ明らかにされ、六地蔵寺の存在が広く世に知られることになったのである。

その後昭和四十二年（一九六七）四月から五月、書誌学の立場からの調査が、慶応大学阿部隆一教授らの手によって行なわれた。平泉博士の調査以来長い年月が経ち、再び乱れていた蔵書類を再調査し、新たに目録を作った。『六地蔵寺善本叢刊』に収められている「六地蔵寺法寶蔵典籍について」という阿部教授の一文には、

経蔵は寺運と興廃を共にする。寺の荒弊につれて、典籍の損爛《そんらん》や寺外流出も免れ得なかった。この寺外流出とは図書を売却したというわけではない。学者が訪れて、図書を閲覧し、檀徒総代の許可を得て寺外に帯借して、悪意からではなかろうが、そのまま返却せずに、終に行方不明になり、或は相当数の寺本が某所に借り出されたままにあって、今次の大戦で失われたとも聞いて

いる。図書の閲覧者は僧侶ではなく、在家の学者であったから、寺外に流出して人災を受けたのは、古来有名な神皇正統記を始め外典《げてん》の本が殆どで、法宝蔵の約二千冊の聖教類は顧みる人もなく、書庫に放置された。大正十二年本堂は祝融《しゅくゆう》の災で烏有《うゆう》に帰したが、書庫と地蔵堂は災厄《さいやく》をのがれ、大正十四年本堂の再建建立は成就をみた。

とあり、阿部教授は、神皇正統記などの仏教聖典以外の書籍は、おそらく研究などの目的で貸し出されたまま戻らなかったのであろうと推定している。また、現在の本堂は大正十二年に火災に遭ったが、早くも二年後には再建されていることも知られよう。しかし重要なのは教授の次の指摘である。

蔵書は蒐書者《しゅうしょ》の分身である。私は諸所の公私社寺文庫を訪ねる機会が多い。その文庫の蔵する個々の典籍の価値や貴覯《きこう》性に対する興味の強いのは言うまでもない。しかし最も関心の惹かれるのは、その蔵書群全体を一箇の有機体と成さしめる生命の貫流の有りや無しやと、その蒐書の精神とである。

好事家《こうずか》の蒐書の生命は脆く、その盛衰は無情である。高邁《こうまい》なる理想と純一なる精神に発したる文庫は盤石の力を永遠に有する。廃《すた》れんとしても人感じては、廃れるを興こすものである。金沢文庫然り、足利学校亦然り、その施設はその時代的使命を果たして滅びる。しかし典籍はそれ独自の力を発揮して蒐書家の精神をのせ伝えて、後世永く恩沢を垂れること、正に法力無尽の如しと言うべきである。正しく法宝蔵である。恵範和尚によって基礎をおかれた六地蔵寺法宝蔵また然るべしと信じて疑わぬものである。

今日の出版文化の隆盛は言語に絶するが、その中で一体何冊が後世に伝えられ残るのであろうか。ほとんど残らないといってよいかもしれない。しかし、この六地蔵寺の二千冊の書籍はそうではない。阿部教授が指摘したように、「高邁なる理想と純一なる精神に発したる文庫」は後世に伝えられ、必ずそれを理解し、これを受け継ぐ人材が出ることであろう。このような意味において、その力は無限であると考えるべきである。

江戸初期において、すでにこのことに気づいていたであろう義公は、重要な本についてはわざわざ浄財を投じて副本を作らせ、一つは六地蔵寺に収めさせ、一つは水戸城に保管したのだという。これによっても、義公の六地蔵寺に対する保護の厚さが何故であったかが知られよう。

しかし、明治維新を迎えると、廃仏毀釈《はいぶつきしゃく》により三十石あった御朱印は取り上げられ、住職は百姓となった。明治六年（一八七三）、六地蔵寺の住職となった興範《こうはん》は寺の中興を志し、五穀を断ち木食《もくじき》をして自ら木食興範と称したという。そのためであろう、相当無理をした興範は翌明治七年（一八七四）十一月七日、わずか二十六歳で亡くなってしまうのである。こうした多くの人達の努力が注ぎ込まれ、六地蔵寺はかろうじて荒廃をまぬかれ、現在のような寺勢を保つことが出来たのであるという。

ところで、平泉博士は調査・整理を記念して恵範上人の供養塔を建て、これを祭ろうとしたことは先に述べた。博士は、正月十一日の晩に供養塔を建てるため、前日十日の昼に思い付いて、石屋に碑文を彫ってくれるよう頼んだという。石屋は快く引き受け、寝ないでも彫りましょうという。そこまではよいが、博士はそのうえ「我々は金に余裕がないので、その積りで万事宜《よろ》しく頼む」というと、石屋は「宜しい。石代だけでやりましょう。手間代などは要りません」といい、約束通り十一日の昼頃供養塔を完成させ持ってきたという。

このようにして、恵範上人の供養はその日も暮れた夕方、厳修することが出来たのであったが、今度は、その供養文を上人の供養塔に向かいあった部屋に掛けようと、整理に参加した東大の学生達が言い出した。そこで、一間半《いっけんはん》にもなろうという表装を、表具屋にかけあって頼んだという。今なら一週間、二週間あるいはそれ以上かかるというのが常識である。それを一晩でやってくれというのは、どだい無理である。しかし、表具屋はその無理を引き受けた。これらの話は、博士の茨城県公会堂で行なわれた講演の速記録「六地蔵寺本整理の意義」に述べられている。一日にして石を刻んだという石屋とは、現本町三丁目に店を営んだ栗原秀三氏、一夜にして祭文を表装したというのは、上市《うわいち》泉町の高橋利正氏であったという。いま聞いても素晴らしい話である。

六地蔵寺を訪れるには、なんといっても春、枝垂《しだ》れ桜の季節がよい。境内を流れる小川の橋をわたり本堂を目指して入ると、樹齢千年を越す杉や銀杏の大木が高く鬱蒼《うっそう》と茂り、それだけでもいかにも古刹《こさつ》といった雰囲気が感じられよう。その先には年月を感じさせる枝垂れ桜が枝も折れんばかりに咲き誇り、寺全体が光につつまれているように明るく感じられるほどである。地元からは勿論近県などからもたくさんの人々が見物に訪れ、駐車場は入りきれないことがしばしばある。

その枝垂れ桜の前には、義公がこの寺を訪れた時に詠んだ七言詩が石に刻まれて建っている。書は徳川圀順氏。昭和三年、義公生誕三百年記念の年に建てられたものというから、平泉博士の調査が終了したその年内のことであったろう。

六地蔵寺に遊び戯《たわむれ》に垂糸の桜花に題す

裊娜絲櫻風定靜　裊娜《じょうだ》たる絲櫻風定まりて靜かなり
嫋枝無力不勝扶　嫋枝《じゃくし》力無く扶《たす》くるに勝《た》へず
異香僕鼻道場裏　異香鼻を僕《う》つ道場の裏
顆顆高懸瓔珞珠　顆顆《かか》高く懸《かか》ぐ瓔珞《ようらく》の珠《たま》

風が止み、しなやかな枝垂れ桜が静かに咲き誇っている。なよなよとした枝は、たくさん付けた花を支えられそうもないほど頼りない。芳香はそこはかとなく寺域に漂い、花びらはまるで仏像を飾る瓔珞の珠のように空高く輝いている、というような意味であろう。花の季節にここを訪れると、今に至るも義公の時代そのままである。

『常山文集』「巻十一」にあるこの詩は、義公がこの寺を訪れた延宝二年（一六七四）春に詠まれたものである。今の桜は、二代目のそれであるという。

また、本堂に行く途中、境内の東側には小さな土蔵がある。法宝蔵《ほうほうぞう》という。かつてはお寺の大切なものがこの中に収蔵されていたといわれ、義公が命じて寺宝の保存のため建てさせたものである。白壁になまこ壁を配した、境内でひときわ目立つ建築物である。

明治四十二年（一九〇九）、この建物を修築するために調査したところ、慶長小判三十枚などが発見され、さらに調査したところ、義公が将来の修理のために密かに隠し置いたものであろうという結論になったという。自らの為したことは決して宣伝することの無かった義公の、奥ゆかしい人柄を物語る話である。

義公ゆかりの法宝蔵

旧法宝蔵の北には、江戸時代中期に建てられたという地蔵堂がある。裳階《もこし》付きの仏堂で、一見二階建ての建物に見えるが実は平屋建てであり、江戸時代も元禄年間にのみ見られる様式であるという。梁《はり》などに元禄十三年（一七〇〇）の墨書があることなどから、この建物も義公の寄進によるものといわれている。この中に、その名の由来である六地蔵が安置されている。

寺の由来ともなっている地蔵菩薩信仰とは、平安時代になって行なわれるようになったものだという。地蔵像は菩薩でありながら頭に宝冠を戴かず髪を蓄えず、普通に見られる僧侶の姿である。すべての衆生を救済する偉大な功力を蔵することと土地のようであることから、地蔵菩薩の名が起こったという。その功徳を表わすため、地蔵菩薩は地獄、餓鬼、畜生《ちくしょう》、修羅《しゅら》、人、天の六道に姿を現わし、永久に苦しむ六道の衆生を救済しようと願《がん》を発した。人間は生活の中でさまざまな悪を発生させるが、その時菩薩の名を呼び一心に帰依《きえ》すればその苦しみから解脱《げだつ》でき、涅槃《ねはん》に安住することができるというのである。比丘《びく》の姿をした地蔵菩薩は、病気や怪我、心の苦しみ悲しみから救ってくれるという存在であることから、時代を超え、多くの人々の信仰を集めてきたのである。

旧法宝蔵に対して、現在の法宝蔵は寺の西側の小高い地に建てられた、鉄筋コンクリート造りの大きな建物である。昭和五年（一九三〇）庫裏《くり》の復興を果たし、寺運の興隆に奔走した栗原隆興《りゅうこう》師が、昭和五十六年（一九八一）十二月二十五日建設を完遂された新法宝蔵である。

隆興師は寺を守る志が篤かったといわれる。そのこともあってか、平泉博士が探し求めて得る事が出来なかった『神皇正統記』は、遂に六地蔵寺に戻ることになる。

平成三年（一九九一）六月県史編纂室研究員が現在の城里町を調査した際、旧家から寄贈された古文書の中にこれを発見、専門家に依頼して六地蔵寺本と確認されたという。これを書写したのは恵範上人の後を継いだ第四世恵潤《えじゅん》であり、恵潤の書写から約四百六十年後、寺外に流出してから約百年後、現住職栗原邦俊師の待ち望んだ六地蔵寺に遂に戻ったのである。寺にとり、誠に慶事といわねばなるまい。

筆者にとってもこの寺は何かと縁が深い。筆者が中学生であった頃、この近くに久米君という友人がいて、寺の境内で野球をしたことがあったり、住職夫人は、筆者が初めて教壇に立った水戸市立三の丸小学校時代の教え子であったりする。さらにこの寺は、母の実家の菩提寺でもある。十数年前亡くなった母方の祖父母の法事や、難病で十数年苦しんで亡くなった叔父の法事など、お寺に参拝することが多い。その都度、現住職の栗原邦俊師のお説教を拝聴することしばしばである。師は積極的に信者に接せられ、現在世の中におこっているさまざまな問題を懇切丁寧に解説されながら、我々現代人は人としてどう生きるべきか、明快な指針を与えられている。このような師の布教活動は檀家の人達の誇りともなり、地元の人々の厚い信頼を勝ち得ていることも、

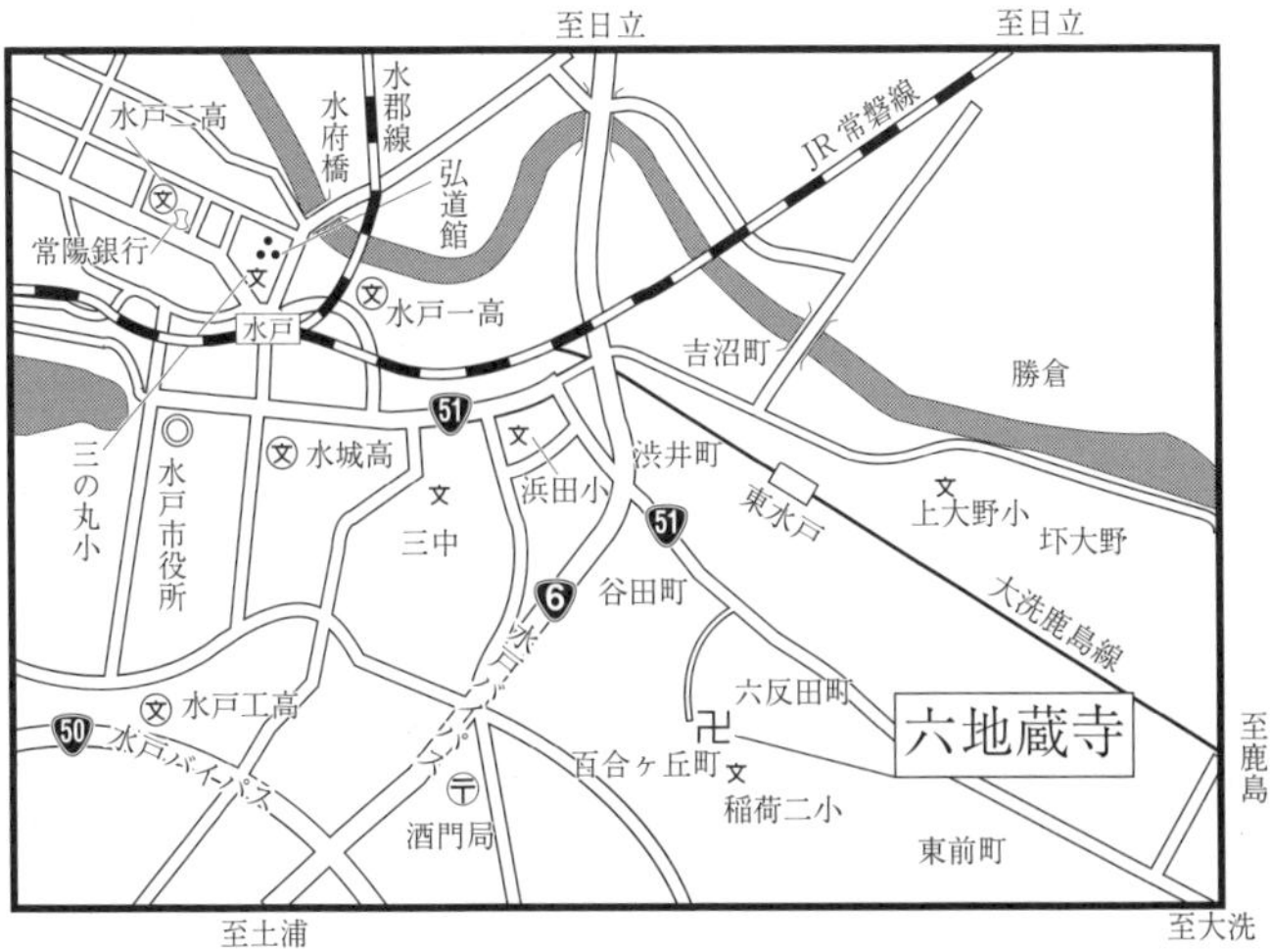

この寺の長い歴史と深い繋がりがあるのかもしれない。筆者が義公について文を書き『水戸史学』に投稿しているのも、今は亡き祖母の話や、この寺をめぐる義公の法宝蔵保護の美談が動機の一つになっている。六地蔵寺の鬱蒼とした境内に佇《たたず》む時、幾重《いくえ》にもかさなる人と人の出会いの不思議さが、かなりの重みを持って感じられるのである。

（二）　壽昌山祇園寺と心越禅師

元禄十年（一六九七）九月二十八日、北筋から帰った義公は一旦水戸に出て、十月朔日には西山荘に戻ったようである。しかし十月二十日には再び水戸に出て、二十九日には坂戸村善重寺に「御成」となり、十一月朔日に太田に帰っている。この時の二度にわたる水戸行きのいずれかは、天徳寺の住持であった心越禅師の三回忌法要のためであった可能性がある。天徳寺に四年間住持した心越禅師は、二年前の元禄八年（一六九五）九月三十日、世寿五十七歳で示寂《じじゃく》していたからである。

心越禅師の逝去がどれほど心残りであったかは、『常山文集』「巻之十四」にある義公の五言詩から察せられよう。

　　孟冬念三日偶々天徳寺心越禅師の塔を過《よ》ぎる

恭詣越師墳墓前　　　恭しく詣づ越師墳墓の前

叫天打地欲驚眠　　　天に叫び地を打ちて眠りを驚かさんと欲す

一朝挑起法燈火　一朝挑《かか》げ起こす法燈の火
照破東方萬八千　照破す東方萬八千

意味は、いま謹んで心越禅師の墓に詣でようとしている。しかし、出来ることなら天に向かって叫び、地を叩《たた》いて禅師の眠りを覚《さ》ましたい思いに駆られる。禅師はひとたび仏門に入るや、法灯の火を高く挑《かか》げ東の方《かた》日本にいたり、どれほど多くの人々の心の闇を照らしてくれたことであろう、というようなことであろう。

これまでも見てきたように、義公の宗教改革は領民の教化とその財政負担の軽減のためにも極めて重要なものであった。その中心に立ったのが、太田久昌寺の日乗《にちじょう》上人、大洗願入寺の如晴《にょせい》上人、古内清音寺の大忠《だいちゅう》和尚、増井正宗寺の雷啓《らいけい》和尚、利員常寂光寺の日周《にっしゅう》上人などであったが、心越禅師もその中の一人と考えられよう。しかし心越禅師の場合、明国出身の禅僧として招聘されたところに大きな意味がある。

『水戸市史』「中巻（一）」によると、

寿昌の無明に法を嗣ぎ、はじめ杭州の永福寺に入ったが、わが延宝五年（一六七七）長崎に渡来した。光圀は天和元年（一六八一）江戸の別邸に彼を招き、法話を聴聞して感銘を受け、天和三年水戸へ迎え、元禄四年改築なった城下の天徳寺の住持とした。このように心越は光圀の終始変わらぬ帰依を受けて水戸に住むこと前後十二年、元禄八年五月五七才で入寂した。

とある。（文中「元禄八年五月五七才」とあるのは、「元禄八年九月五七才」の誤りであろう。）

心越禅師は曹洞宗の中の寿昌派の僧であり、当時長崎に来ていた。今井弘斎《こうさい》からその人柄や学問知識を伝え聞いた義公はこれを招き、水戸城下にあった曹洞宗の天徳寺を改築し、その寺の住職としたのである。元禄四年（一六九一）のことである。しかし、心越禅師が水戸に来るまでにはさまざまないきさつがあり、事はそう簡単ではなかったようである。これを、『常陽藝文』平成六年（一九九四）八月号などを参考にして述べてみよう。

まず来日の動機であるが、長崎興福寺に心越禅師の同郷の先輩である澄一《ちんい》覚亮《かくりょう》という僧侶が住職として活動しており、その招きに応じたからであるという。その興福寺を拠点として活動していた心越禅師は、ある時、義公の命を受けて長崎を訪れていた今井弘斎と出会う。今井の長崎訪問は、すでに水戸に迎えられていた朱舜水《しゅしゅんすい》の孫が長崎に来たので、これに会うためであったという。そこで心越禅師に出会った今井は、禅師の学問、知識や人柄に引かれ、このことを義公に報告した。

ところがその頃、思わぬ災難が心越禅師の身にふりかかることになる。長崎から京都へと布教の範囲を拡大していた禅師の名声が上がるにつれ、これを妬《ねた》む僧も現われたのである。延宝八年（一六八〇）長崎に帰ったところ、禅師は幕府から厳しい取り調べを受け閉門に処せられた。禅師が黄檗宗《おうばくしゅう》への改宗を拒否したことも背景にある、ともいわれている。

このことを伝え聞いた義公は、直ぐさま救いの手をさしのべた。各方面に働きかけて幽閉を解いたばかりでなく、禅師を江戸に招聘してこれを保護し、小石川の邸内に住まわせたのである。初めての会見は天和元年のことであるという。心越禅師が初めて水戸に来たのは天和三年（一六八三）、北三の丸に滞在したが、元禄四年（一六九一）五十三歳の時、公の命により天徳寺に入ったという。

『常山文集』「巻之十七」には、その時心越禅師の入山を祝ったと思われる次の啓《けい》が載せられている。

　心越禪師の岱宗山《たいそう》に住するを賀するの啓

伏して以《おもん》みるに、祖師《そし》西より來りて止まり、異參同參皆共に參ず。
佛法東漸《とうぜん》、千派萬派其の派を區《わか》つ。
直指《じきし》すれば駢拇《べんぼ》生じ、横眼すれば一枝出づ。
大善知識の大知を發《ひら》き、墜緒《ついちょ》の將《まさ》に絶へんとするを維《つな》ぐに非ざるよりんば、
誰か能く正法眼藏の正眼を開き、傳燈の既微を挑《かか》げんや。
惟《おも》ふに明心越大禪師
鹿門《かもん》の遠孫、東苑の嫡脈。
人中の僧伽彼《そうぎゃひ》、世上の優鉢華《うはつか》。
業行淳《あつ》く脩《おさ》むるに、戒を以てし、定を以てし、慧を以てし。
虚を求め幽を讃《たた》ふるに、釋を以てし、道を以てし、儒を以てす。
飄乎《ひょうこ》虚を凌《しの》ぎ、浩然《こうぜん》化を分つ。

根荄《こんかい》を震旦《しんたん》の旦に培ふと雖も、將に花實は皇朝の朝に結ばんとす。
西南異方、荊棘《けいきょく》路を塞ぎ。
生憎《あいにく》牧童倒れて無孔の鐵笛を吹き、奈何《いかんせん》庖丁徒《いたずら》に不鈍の利刀を空するを。
波爰《ここ》に穏《おだや》かに、風爰《ここ》に收《おさま》れり。
時既に至り、機既に熟せり。
寡人《かじん》只願はくは早く吾車《ごしゃ》を膏《めぐ》み、三門の壯觀を偉《さかん》にし、
永く師錫《ししゃく》を挂《か》けて、一山の清規《しんぎ》を卓《た》て、
鳳翔鳥從、羊羶蟻萃《ようせんぎすい》
手裏《しゅり》佛を揮《ふる》ひて、富樓那《ぷるな》の辨論を折衷し、
食殘《しょくざん》の針を穿《うが》ちて、僧伽梨《そうかり》の破壞を補綴《ほてつ》し
洞水《どうすい》を摶躍《せんやく》して、直に岱宗《たいそう》に上り、
佛日を高く懸げて、恢《かい》を天德に曜かさん。
啓に臨み、翹瞻《ぎょうたん》企望《きぼう》の至を勝《かな》ふべし。

啓《けい》とは徳の高い相手に捧げる文章をいうのであるが、心越禅師に対する賞賛の言葉が連ねられており、いかに義公が待ち望んだ人物かがこの文章から知られよう。
義公が禅師を招聘した理由について、禅師が絵画や書、琴、詩文などに才能があったからという文

化的側面のみが強調される嫌いがないわけではない。しかしなんといっても、心越禅師の幅広い学問・識見と人望とを高く評価したことが最大の理由であろう。

文中に「大善知識の大知を發《ひら》き、墜緒《ついちょ》の將に絶えんとするを維《つな》ぐに非ざるよりんば、誰か能く正法眼藏の正眼を開き、傳燈の既微を挑《かか》げんや」とあるのは、幾派にも分かれその勢力の優劣を競っている当時の仏教界に対する不満の表明であり、自らを磨き慈愛をこの世に施そうとする仏法本来のあり方を心越禅師に託そうとする、義公の期待の表明でもあるような気がするのである。

特に「根荄《こんかい》を震旦《しんたん》の旦に培《つちか》ふと雖も、將に花實《かじつ》は皇朝《こうちょう》の朝に結ばんとす」と喝破したところに、義公の学問・思想の深さと、わが国の歴史に対する確信が見え隠れしている。

このようにして招聘した義公であったが、心越禅師との永訣《えいけつ》は意外に早く来たのであった。『日乗上人日記』元禄八年九月二十八日の条を見ると、次のようにある。

一、卯ノ刻、黄門公水戸へ出御にて、庵の前を御通りさふらひける。立出でゝ御目見しけれバ、何とてしりけるぞや、今日は城下迄出御ある也。悦禅師のきそく大事にて死給ハん由聞へければ、対面のため御成ある也。それより清音寺へも御成のよし仰らる。おもてのやらい門迄いでゝ御いとま申て内ニ入也。

「悦禅師」とあるのは、ここでは心越禅師のことである。元禄八年九月二十八日、禅師危篤の報に接した義公はその最期に立ち会うべく、水戸に急行したのである。天和三年水戸に招聘されてより十

祇園寺山門

二年、義公の帰依とその厚い保護を受けた明の禅僧は、二日後の九月三十日、静かに五十七歳の波乱の生涯を閉じた。冒頭の五言詩は、禅師に対する期待が大きかっただけに、尋常一様ではない義公の嘆きを表わしているのである。

なお、天徳寺が現在のように壽昌山祇園寺と寺名を改めたのは正徳二年（一七一二）のことで、それまでの岱宗山天徳寺は河和田《かわわだ》にある寺が受け継ぐことになる。それ以来祇園寺は独立総本山格となり、三代粛公綱條より知行百石、宝暦三年（一七五三）五代良公宗翰からは「山色風雲之祥」「地圖盤石之固」の聯《れん》を下賜されており、聯は新たに刻まれて現在の本堂にかかげられている。

さて、そのような心越禅師について調べるため、水戸市にある現在の祇園寺に向かったのは、平成十九年（二〇〇七）四月五日のことである。ちょうど筆者は定年を迎え、新年度の忙しさから解放されてのび〳〵とした時である。また、祇園寺に隣接する茨城中学校は筆者の母校でもあり、久しぶりに見る学校はどのようになっているか知る楽しみもあった。

昨年水戸より引っ越した那珂市の実家から国道三四九号線を南下する。気象台下から市街地へと上り、信号を金町方面に右折して西に向かう。途中に水戸八幡宮の大きな表示があり、それを通り越して約三百メートルほど行くと信号機があり、そこに祇園寺入り口の表示がある。

この信号機を入り突き当たったところが現在の壽昌山祇園寺、即ち義公時代の天徳寺である。まず目につくのが大きな山門で、その左にあるのが茨城高校と中学校である。

今の山門は新しく建てられたもので、筆者の中学生時代にはいかにも古めかしい、しかも堂々とした山門があった。当時の山門は旧水戸城の橋詰門を移したものであったらしく、今は水戸城址に建つ県立水戸第一高等学校の中に再び建て替えられている。

祇園寺の山門を入ると、直ぐ左に心越禅師の墓所がある。南向きに立つ墓石は義公が書いたとされ、墓前には葵の紋が刻まれている門扉があり直接近づくことは出来ない。まずは門扉の前に立ち、禅師の墓に手を合わせた。

門扉の前には、この寺では当時からの唯一の建築物である穢跡金剛尊天堂《えせきこんごうそんてんどう》という建物が残されている。シナ風の感じがする建物である。山門から見て正面にはいかにも重厚な本堂があり、その右には新築なったばかりの受付所がある。

まずは受付所へと向かい案内を乞う。何か寺の由来などを書いたものがあるか、受付の方にお聞きした。すると、「ちょうど今日は住職がおりますから呼んで参ります」といって住職を呼んで下さった。作務衣《さむえ》姿で颯爽《さっそう》と現れたのが現住職小原宜弘師であった。筆者は、曹洞宗の本山である越前の永平寺を何度か参拝したことがある。その時の修行僧のいかにも颯爽とした態度は今でも目に鮮やかであるが、小原師の印象はまさにそれであった。

初対面の挨拶をし、義公について調べているので何か参考になるものがあればと尋ねてみた。すると、「心越禅師の直筆をいくつか展示していますのでどうぞ」といわれ、奥に案内して下さった。そこには大きなガラス

心越禅師墓所

ケースがあり、数点の掛け軸が展示されていた。「涅槃図を除いては皆直筆です」と言われる。「忠」と大書された掛け軸が目を引く。「忠」の下にはいくぶん小さな字で、「字終身行ふ可し」とある。菊花を描いた軸物は端正な印象を受ける。「涅槃図」はレプリカであるが、聞けばこの「涅槃図」は、義公の生母である靖定夫人の菩提を弔うために描いたものであると言われる。年表を見ると、描かれたのは元禄元年（一六八八）である。専門の絵師が描いたような見事なものであったので筆者は内心驚いた。許可を得てこれらの掛け軸などをカメラに収めた。

案内を謝して寺を辞そうとすると、小原師は「これはお持ちですか」と言われ、筆者に冊子を差し

出した。見ると『心越展』と書かれた冊子で、古河市にある篆刻美術館で行なわれた篆刻展の特集であると言われる。「よかったらどうぞ」と言われるので、有り難く頂戴した。「なんといっても心越禅師はわが国の篆刻《てんこく》の祖です。光圀さんが招いたのもそれらの事があったからでしょう」「心越禅師は多くの篆刻を残されています。県内にもいくつか在ります」「県外では京都の金閣寺が有名ですが、茨城県の人にそれを見せて知っているかと尋ねると、殆どの人は心越禅師を知らないというそうです。このような優れた人を知らないのは良くない。私は機会あるごとに宣伝しているので、あなたも宜しくお願いします」と筆者に向かって言われる。小原師の、寺の復興にかける熱意を感じながら、案内を謝して祇園寺を後にした。

心越禅師「忠」字掛軸

家に帰ってから冊子を開いてみた。冒頭には篆刻美術館長松村一徳氏の挨拶文がある。それによると、近世篆刻を日本に伝えたのは、承応二年（一六五三）に来航した独立《どくりゅう》と天徳寺の心越禅師の二人だという。このことから二人は日本篆刻の祖と称せられているのだとある。またこれを保護した義公は、禅師座右の書『韻府古篆彙選《いんぷこてんいせん》』を歿後に出版し、篆刻発展に大きく寄与したという。

そういえば、義公には「勅賜備武兼文絶代名士」という有名な印があることはよく知られている。これを心越禅師が彫ったものであることは、冊子に載せられていることからも証せられよう。事情はこうである。

寛文から延宝年間にかけ、義公の関心は朝儀の復興に向けられていた。その一例が延宝八年の『一代要記』や『公卿補任《くぎょうぶにん》』の献上であるといわれている。また天和三年には『立坊儀節《りつぼうぎせつ》』『立后儀節《りつごうぎせつ》』を作り、時の霊元天皇に献上した。これによって、皇太子朝仁《ともひと》親王の立太子式《りったいしき》が三百四十年ぶりに行なわれたという。

このような中で、霊元天皇は御父後水尾法皇の御遺愛の硯《すずり》の銘を作るよう義公に下命された。義公は大いに感激し、何度か構想を練って献上した。天和二年（一六八二）秋のことであった。すると翌天和三年春になって、霊元天皇からお褒めの言葉を戴いたのである。『桃源遺事』「巻之二」には次のようにある。

一同三年癸亥

後西院帝より御宸筆を給ふ。御硯の銘を御褒美遊はされ候御文章なり。

鳳足はさるあやしき器にし（も）あらねと、故院の御硯なれハとて、端渓の秀石にもかへす。爰に宰相中將源朝臣武を備へ文を兼て、絶代の名士也。よりて命して（彼）硯の銘をしるさしむ。

文《その文》のこゝろ忠義（の氣）を含ミ、言葉《詞》金玉の聲をなせり。これにむくふるに朕《チン》何をかせむ《ん》。唯遠く此硯をつたへて、ひさしく此文を殘さん《む》といふ。そのことはにいはく、

つたへゆく硯の石のよはひもて世ゝにのこらむ言葉そこれ

此御文言の中の備武兼文絶代名士の御句を　西山公御印文（に）なされ候。

此時御年五十六。

義公の奉った文章は霊元天皇の孝心を讃え、それがいかに仁政となって世を照らしているか、その至高の道理を述べたものである。この言葉を御嘉納になった天皇は、義公の文章はいかにも忠義の心を含んだものであり、文と武を兼ね備えた人物にして初めて明らかになし得る、ということを表明されたものであろう。

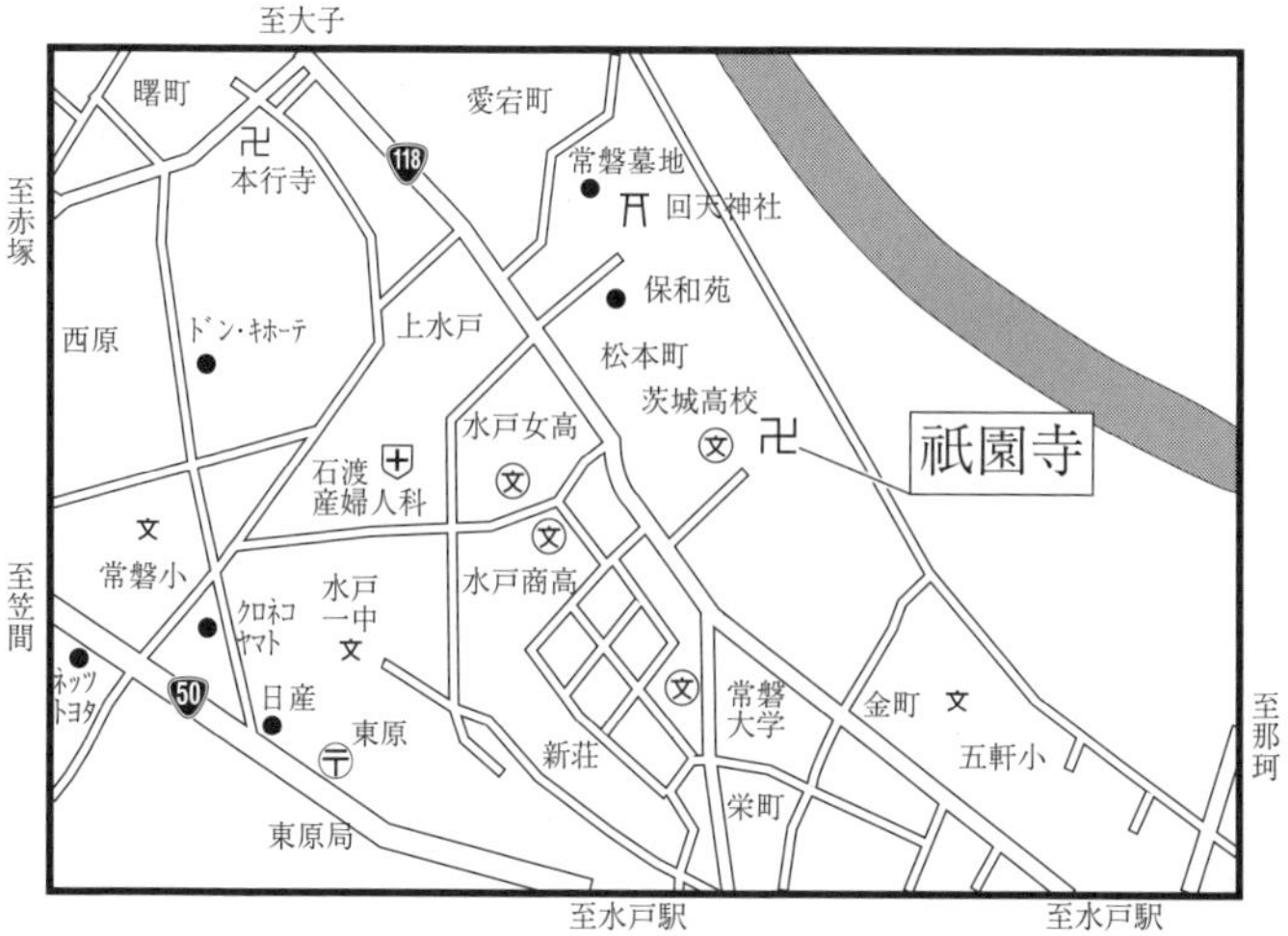

これ以後、霊元天皇から戴いた「備武兼文絶代名士」の言葉を刻んだ印を、関防印《かんぼういん》として終生用いたといわれるから、御宸筆《ごしんぴつ》を賜った義公の感激はいかばかりであったか思い知られよう。このことにより、義公から刻することを命ぜられた心越禅師の名も、関防印とともに不滅であるといってよい。

(三) 渡里鈴木家

弓野國之介氏の『義公史蹟行脚』には渡里村鈴木勇山《ゆうざん》の屋敷を訪れた時のことが書かれている。弓野氏が訪れた頃の当主は鈴木新太郎氏といい、川崎第百銀行水戸支店に勤務していたようである。居宅は、義公が「お成り」になった時と変わらない広大な敷地であったらしい。その面積は六千坪余というから、メートル法に直せば約二万平方メートルとなる。相当広い屋敷である。

先祖は三河の国足助《あすけ》の城主で、元亀二年（一五七一）武田信玄に城を奪われたため、高祖父善三郎は徳川家康に仕えるようになったという。天正九年（一五八一）の高天神城攻めに功績があり、その子の友之助は千二百石を賜って仕えた。その子喜三郎は家康の近侍となったが、家康歿後は威公頼房に仕え、三郎左衛門重有と称したという。重有は雑賀孫一の女を娶り男子が生まれたが早世し、その妾が男子を生んだ。その子が鈴木勇山である。

勇山は初名牛之介または三郎左衛門、長じて三郎進重時と名乗る。勇山の家には藤の糸と号した伝来の太刀や兜、唐銅鈴の三品があったらしく、義公はこれらの品々を系図とともに秘蔵し、子孫に伝えるよう命じたという。

この勇山については次のような逸話がある。寛文十三年（一六七三）、宮中に中宮皇女誕生の慶事があった。命により京都に上った勇山は尾張、紀伊の傳奏衆とともに待つべき旨指示を受けた。ところが当局に順序を尋ねると、先に尾張、紀伊次に御両典厩、水戸はその後にお祝いを述べるという返事であった。しかし、官位にかかわらず、御三家は一同にて勤めを果たすのが通例であった。これを知る勇山は、御三家の間に御両典厩が入るのは納得がいかず、「気色優れず献上は出来ない」と口実をつけて座を立ったので関係者がこれをなだめ、御祝事は先例通りに行なわれたという。こうして勇山は無事大役を果たし、水戸に帰ったという。勇山という人物を物語る出来事である。その勇山の屋敷に義公が訪れたのは、元禄十一年（一六九八）十月九日のことである。

『鈴木家譜』によれば次のようにある。

義公御通ノ時乗輿ヲ祐養ガ後園ニ寄セラレ山水ノ幽致ヲ称シ玉ヒテ御詩ヲ賜ヒ且年来兵術ヲ嗜ミ武事ヲ好ム。故ニ名ヲ勇山ト改ムベキ由ノ命ヲ蒙リ他日又園中修築ノ労ヲ感シ給テ勇山及二男好繁ニ賜アリ忝ク老後ノ栄トス

この家譜からすると、勇山というのは、この時義公から与えられた雅号であることがわかる。祐養というのはそれ以前の号であったのであろう。

『常山文集』「巻之四」を見ると、この時の五言詩が詞書きとともに載せられている。

鈴木勇山穩士水戸城の西七八里許り別墅《べつや》を築いて林中に家す。勇山と號す。飛泉《ひせん》有り。聽水巖《ちょうすいがん》と曰《い》ふ。後園を祐養園《ゆうようえん》と曰ふ。小庵を構へ遠塵軒《えんじんけん》と曰ふ。皆心越師の掲ぐる所なり。余一日此に遊び、見るに随《したが》ひ聞くに随ひ、手に信《まか》せ筆に信せ、漫《みだり》に道《い》ひて以て主に寄すと云ふ。

適意勇山致　意に適《かな》ふ勇山の致
考槃寂寞濱　槃《たのし》みを考《な》す寂寞《せきばく》の濱
耳清聽水耳　耳水を聽いて耳を清くし
仁輔樂山仁　仁山を樂しんで仁を輔く
日靜近仙境　日靜かにして仙境に近く
軒幽遠俗塵　軒幽《かす》かにして俗塵に遠し
浩然遊物外　浩然として物外に遊び
祐養彼天眞　祐養す彼の天眞

勇山の家は水戸城から西七八里ばかりの林の中である。周囲は変化に富んでおり、水がこんこんと湧く泉もある。これには聽水巖と名付けた。庭園は祐養園という。林の中の小さな庵は遠塵軒という。皆心越禅師が名を掲げたところである。私はある日此処《ここ》に遊び、思い付くまま詩に詠んで主《あるじ》勇山に寄せた、というのが詞書であろう。

五言詩では、勇山が希望にかなった地に引退して、水を楽しみ山を楽しみ、俗塵をはなれた地で悠然と天真を保ち、仁徳を養っている勇山に共感しているさまが感じられる。それはまた義公自らの心境でもあったことであろう。

その祐養園と鈴木勇山について現地を調べようと考えたのは、平成十九年（二〇〇七）三月下旬のことである。弓野氏の『義公史蹟行脚』では、昭和三年（一九二八）当時は渡里村に属し、近くに工兵大隊があったことが記されている。しかし今は茨城大学、付属中学校などの校舎が林立する文教地区となり、静かな住宅地ともなっている。

入り口には「祐養園」の碑が建つと教えられたので、笠原神社付近に車を止め、歩きながら探してみる。すると容易に見つけることが出来た。碑の前を北に向かう細い道があったのでそれを進む。周囲は住宅地で、人はほとんど見かけない。

突き当たりは崖で二段になり、そこに墓石のようなものと庭石のようなものが見えるので近寄ってみた。上方の石は平らな形状をなし文字が刻んであるが、なかなか読みづらい。なにか和歌のようなものが刻んである。下方の石は大きく、

現在の祐養園庭園

これは墓石であった。はっきり「遠塵軒聴水勇山翁墓」と読める。なんと勇山の墓はここにあったのである。思わず手を合わせた。

周囲を見渡すと、孟宗竹が北崖一面に生い茂り、中は昼なお暗い。西側には畑があり、梅の古木が何本かある。東側は枯木が倒れんばかりに立ち、人家が崖ぎりぎりまで迫っている。これらを写真に撮り、この日は引き揚げた。

近頃、祐養園研究会の手になる『史跡祐養園の総合的研究』という本が出版された。筆者はこれを友人から教えられ、最近それを見る機会があった。その中に石刻資料として「義公腰掛石」が載せられている。これを読んでみると、筆者が見た平らな形の石に刻まれていたのは、次の和歌三首であることが判明した。

言の葉もあまりて石におく露の磨ける玉の光つきせじ

埋もるゝこけの下にも仰ぎ見む石よりおもき君の御影を

崇ても猶あきたらぬきみが恩神も仏もをよぶものかは

また『義公史蹟行脚』には、「常磐村廣祝井《こいわい》に住む、適《たまたま》ゝ心越禪師の来訪あり、この山荘に題して祐養園と名付け、これより自ら祐養と號するに至ったのである」とある。さらに平地から崖にかけて一大庭園を作ったらしく、勇山は毎朝西山の方向に対し遥拝し、一日もこれを欠くことがなかったと書いてある。公薨《こう》ずるや、「勇山斷食七日、以て罔極《もうきょく》の恩に報い毎朝沐浴してその冥福を祈ることに努めた。寳永三年に至り、義公賜う所の詩を碑に刻し、これを園中に建つ、当時の文人碩学これを訪ふもの皆詩文を寄せざるなし」と森尚謙が記したともある。腰掛石の和歌三首といい森尚謙の文といい、勇山の義公に対する忠誠心がいかに強いものであったかが窺えよう。

その勇山の子孫は今おられないのか、いろいろ聞いてみた。すると、その住宅地の中にいるという情報を得た。聞けば住宅地の中で接骨院を営んでおられるというので、四月三日現地に赴き探すことにした。探し当ててみると、その家は純和風の大きな家であった。

玄関に立ち案内を乞う。しかし、家が大きいせいか返事がない。また大きな声で挨拶した。すると若い当主が現れ、「どうぞどうぞ奥へ」と言いながら案内して下さった。それが鈴木家の現当主鈴木重文氏であった。名刺を出された。見ると「びわ葉温灸・大東鍼灸接骨院　鍼灸師《しんきゅうし》院長　鈴木重文」とある。

あらためて訪問の趣旨を述べ、協力をお願いした。すると初対面にもかかわらず、「ああそれならばいいですよ」といって、奥から大きな箱を出してこられた。「なにからがいいでしょうね」と言いながら、次々と古文書を広げられた。

それぞれが巻物になっており、重文氏と確認しながら見ていくと、中に折りたたんだ絵図が何枚かあった。九州の名護屋城や奥州山形城など重要な城の見取り図である。また、記号らしきものが書き連ねてある文書がかなり見られた。おそらく鉄砲に込める火薬の配合についてであるらしい。築城の

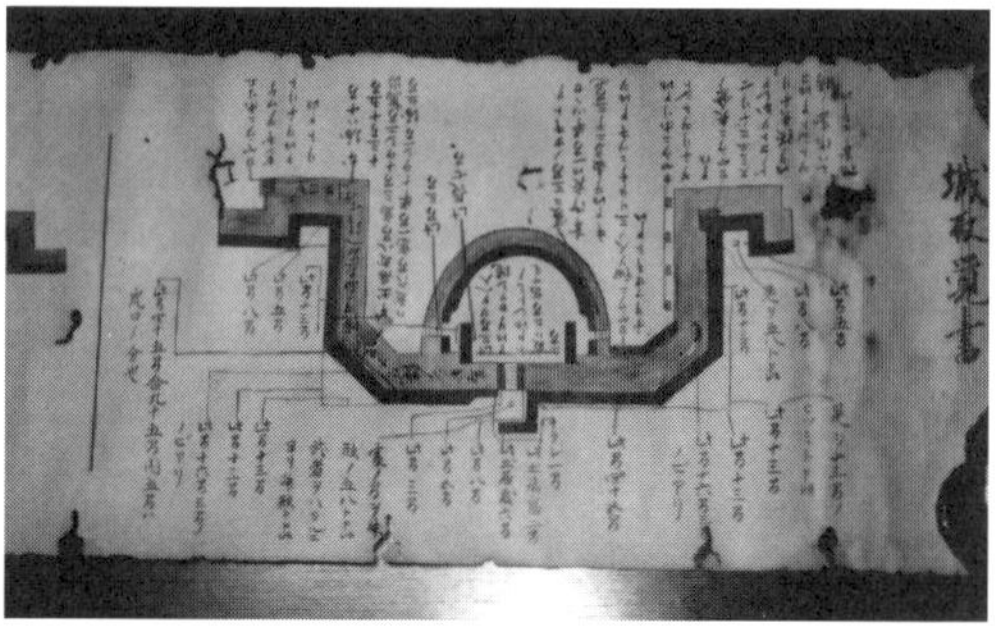

勇山筆「城取覚書」

実際を書き記した寸法入りの絵図もある。

これらの文書を見てみると、勇山が様々な分野について学んだ跡が歴然としている。兵法あり、築城の法あり、砲術ありと、いかに武士としての教養を幅広く身に付けていたかが知られる。その上、小笠原流の礼法の免許まであった。武士の嗜《たしな》みとして、行儀作法を身に付けることが一般的であったのであろうか。

筆者はこれらの事実を眼《ま》の当たりにし、学生時代に読んだ本を思い出した。山本周五郎の『日本士道記』という小説であった気がする。普段何の取り柄もないと思われていた武士が、いざ戦いとなると死をも恐れず、勇敢な戦士となって主君のために働くという物語である。現代のように、いかに目立って生きるかではなく、日頃から学問に沈潜し武道の鍛錬を怠らず、いざという時に存分な働きが出来るように心の準備をしてひたすら生きる武士、勇山もそのような武士であったろう。

重文氏とあれこれ話をしていると、「玄関のところの像をご覧になりましたか」と言われる。「気が付きませんでしたが」と筆者が答えると、「勇山の像があるんですよ」と言われる。「こちらへどうぞ」と言うので、玄関に付いて行く。入ってきた時には気が付かなかったが、なるほど玄関左側棚の上には木像がある。相当な年月を感じさせる古いもので、表面の着色は剝《は》げてきているが、勇山の重厚な人柄を感じさせる座像である。代々大切に守られてきたものであるらしい。今は来客の出入りを見守っている感がある。「写真を撮りたいのですが」といって重文氏の許可を得、カメラに収めた。

「このような物もあるんですよ」といって次に示されたのは版木《はんぎ》である。四枚ほどであったが、幕末の頃のものであろう。烈公、藤田東湖などの文章を彫ったもので、拓本として使用したものである。なぜこれがあるか、よくわからないと重文氏は言われる。「こんなことになるなら父からよく聞いておくんでした」と笑いながら話された。

その時、ふと長押《なげし》に掛かる写真に気が付いた。読んでみると、「鈴木家五代の墓」と書かれた写真である。聞けば鈴木家の先祖の墓が足助《あすけ》（現愛知県豊田市）に残されており、町の文化財になっているという。「しばらく前に足助まで行って撮ってきたんですよ」と重文氏は言われる。

鈴木勇山木像

さらに読んでみると、足助における鈴木氏と松平氏の関係、武田信玄との戦い、関東への入国などが簡略に述べてある。鈴木家の長い歴史を感じたことである。

時計を見ると随分と長い時間が経っていた。これ以上は失礼に当たると思い辞すことにした。重文氏と一緒に外に出ると、母屋の周囲は多くの庭木で囲まれている。いつの頃の庭か尋ねた。すると重文氏は「一部は勇山の頃のものです」と言われる。なるほど、かなり古い木もあることに気が付いた。桧葉《ひば》や躑躅《つつじ》などは相当古いものであろう。庭全体を見渡してみると、木立《こだち》の中に家があるといったたたずまいである。これこそ勇山の好んだ境地であったろう。

訪問した時に降っていた雨はすでに止んでいた。梅雨《つゆ》の晴れ間に遇ったような、すがすがしい気分になっていた。義公に仕えた忠節の士、鈴木勇山の息《い》吹《ぶき》に触れた思いがした何ともいえない一時《ひととき》であった。

家に帰ってから、祇園寺を訪れた時に撮った写真をあらためて見た。その中の「忠」の一字を大書し

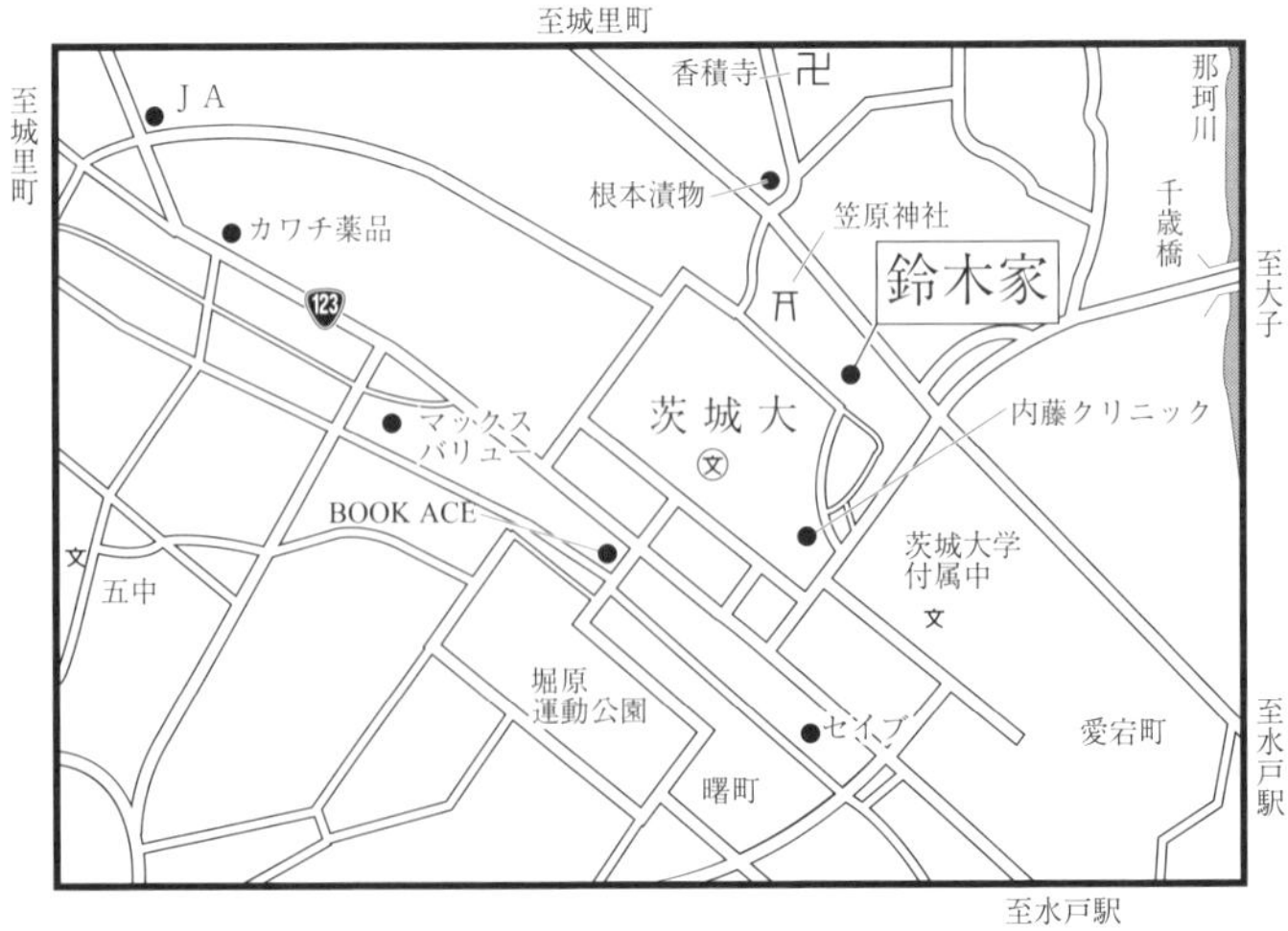

た下に付けられた文字「字終身行ふ可し」を見た時、あるいは心越禅師と勇山との邂逅《かいこう》に何か関係があるかもしれない、ととっさに想像した。先に述べたように、禅師は祐養園中の名所の名付け親である。勇山を訪ねた時、その人となりを理解したに違いない。勇山の生きかたがまさに忠の人であるとすれば、禅師は必ずやこれに共鳴し、共感したことであったろう。

義公にひたすら仕える忠節の士と、仏法を伝えんが為に明国からはるばる海を渡ってきた禅僧とが、「忠」の一文字に共通の価値を見出した時生まれた書、とするのは穿《うが》ちすぎであろうか。

日立市

（一）宮田大雄院と連山禅師

大森林造氏著『連山禅師』によれば、連山交易《れんざんこうえき》は元禄五年（一六九二）常陸太田西山荘近くの天徳寺に引退し、元禄七年（一六九四）十一月二十二日ここで示寂した。もとは万松寺といったが、稲木村の天徳寺のあった場所に久昌寺が建てられたため、天徳寺が移ったのだという。元禄五年正月、連山禅師の七言詩は、次のようであった。

壬申歳旦

深厭僧儀混世塵　　深く僧儀の世塵《せじん》に混じるを厭《いと》ひ
誓為林下一間人　　誓つて林下《りんか》の一間人と為る
善哉沢雉樊籠外　　善き哉沢雉樊籠《たくちはんろう》の外
飲啄随縁自在春　　飲啄《いんたく》縁に随《したが》ふ自在の春

下野大中寺《だいちゅうじ》は、曹洞宗の総僧録司《そうろくし》として全国の洞門《どうもん》を統括する。その大中寺住持を辞した歳の元旦の詠であるだけに、肩の荷を下した安堵感すら感じさせる詩である。

義公引退の元禄四年（一六九一）正月、田中内《たなこうち》大内家で詠んだ五言詩の中の一節「歳々春役を被り、今年始めて春を得。寂然《じゃくぜん》世事を忘れ、仡爾《きつじ》として天眞に葆《やす》んず」と、どこか共通する心境が感ぜられよう。

その連山禅師について、『水戸歴世譚《れきせいたん》』「巻三」に幾つかの逸話が載せられている。その一つは、

義公御代に、杉室大雄院《だいおういん》の住持交易和尚は、當時の碩學《せきがく》にて、同宗の中、是に及ぶ者なしと稱せらる。未だ雛僧《すうそう》たりしとき、其師の僧の秘藏せし茶の湯茶碗を破れり。師の僧、其とき他出なりしが、程なく家來を走せこの歸れりと告ぐ。

交易、件《くだん》の破れ茶碗を袂にして、衣を攝《おさ》めて出迎ひ、問て曰、躰ある物は如何、師の曰躰ある物は滅すと云とき、件《くだん》の茶碗を出し見せれば、師僧も詮方《せんかた》なく、其儘にて止みぬと云へり。

というものである。

義公の時代、連山交易《れんざんこうえき》は碩学として全国に知られるほどの人物であったというが、この話は、その交易がまだ修行の身であった頃のことである。ある時、交易は師匠の大切な茶碗を誤って割ってしまう。しまったと思った交易は、そこで師匠の帰りを待ち、「形あるものは如何」と、いきなり問いかけた。師匠は「形ある物は必ず滅す」と答える。交易がやおら袂から割れた茶碗を差し出すと、お師匠さんは言葉に窮し、交易の過ちを許してくれたという。連山の機知を物語る逸話である。

また、次のような逸話もある。交易には江戸に出て、ある書店の二階を借りて住んでいた時期がある。時々その店の手伝いをしたり托鉢《たくはつ》をして糊口《ここう》をしのぎ、昼夜大いに学問に精を出していた。ところがある時大火があり、住んでいた書肆《しょし》が焼けてしまった。交易も困ったであろうが、店の主人はさらに困った。

同じく『水戸歴世譚』には、

亭主の嘆き大方ならず、交易も気の毒に思ひ、何様焼失の書も莫大なれは、損金もまた大ならんと云へは、店に焼たるは僅のことなれは是非もなし、唯諸國へ卸したる元帳を焼たり。是は大金なり。されども元帳なければ、催促せん種なし。一と通りにせつき申遣すときは、元帳焼たりと案じ、半金も勘定するものなし。かかる虚に乘ずるは、商賣の常情、すべきやうなしと云。交易熟く聞きて、其元帳とは、二階へ掛置し帳にやと云に、其ことなりと云。交易我讀書の暇、徒に此帳を讀みて暗記せり憂ること勿れと云。亭主の曰、貴僧五ヶ條七ヶ條覺えたりとも、何の用に立つべきと云へは、先つ〳〵書て見らるべしとて、初の方より段々記さしむるに、皆心覺のあること違はざれは亭主及び番頭なと、つとひ集り論判し仕立たれは、元帳の如くに成れりとぞ。

假初のことにも、強記なること此類なりとぞ。

とある。

火事により店の商品は焼け、損失を蒙ったのは致し方ないとして、問題は諸国に卸しておいた商品の方である。こちらの方が実は大金で、記録をしておいた元帳を焼失してしまっては相手に請求することが出来ない。火事に遭ってしまっては、貸金の請求をしたところで、取引相手は足元を見て証拠を示せというに違いない。それが悲しいかな商人の常情というものである、そう店の主人は言う。

ところが交易は、その元帳というのは二階に掛けてあったものであろう。それならば、読書の暇にまかせてすべて暗記してしまったので心配ないと言う。主人はあきれて、少しばかり暗記したところで膨大な量の一部、ものの役には立たないでしょうと言う。まあやってみようと交易は言い、記憶するまま書き出させてみると、店の者にはこれが全く覚えがあることばかりであった。そこで番頭などを集め、付き合わせをしてみた。元帳は元の通り復元できたのである。交易の記憶力の凄まじさを示す逸話ではある。

その連山禅師が義公と深いかかわりがあったのは、当時の宮田村（現日立市宮田町）にあった天童山大雄院《だいおういん》の住職時代である。その大雄院を訪ねるべく日立方面に向かったのは、平成十九年（二〇〇七）六月六日のことである。現在その地に寺はなく、日鉱金属の日立工場があるとされている。

午前九時、久しぶりに国道六号線を北上する。最近になって、久慈川に掛かる榊橋《さかきばし》が上下とも二車線となり、東海村から下りの道路は混雑が解消された。石名坂《いしなざか》あたりからは混雑が激しく、車の運転は疲れるのが常であるが、この日は渋滞で止まることが少なかった。このままいけると思ったが、やはりそうではなかった。多賀駅前を過ぎ油縄子《ゆなご》から成沢町辺りに来ると、先に進まない。兎平《うさぎだいら》辺りまでノロノロ運転が続き、最初の目的地神峰《かみね》公園口にある日立市郷土博物館に着いた時は、午前十時を回っていた。

まず受付の方に本の寄贈を申し出た。今回出版した『水戸光圀の餘香を訪ねて』と、先に旧水府村町田の窯跡の発掘調査をした時の記録である『水戸藩町田焼窯跡発掘調査記録』、そして吉澤義一氏の遺作『北方領土探検史の新研究』の三冊である。ついでに今回の調査について、何か文献などがあるかどうか聞いた。すると、「係の者を呼びますのでお待ち下さい」と受付嬢は言う。

筆者の前に現れたのは、前回来館した時にお世話になった学芸員の島崎和夫氏であった。今回の来訪の目的を話し、連山禅師の大雄院と助川の長山家について、史料など残っているものがあるかどうかについてお聞きした。すると「どちらも焼けてしまっているので、多分残っているものはないでしょう」という返事である。「今調べようとすればこのくらいでしょうか」といって出してくれたのが、『天童山大雄院』と『村絵図にみる日立』という小冊子であった。

『天童山大雄院』の方を開いてみる。これは昭和四十八年（一九七三）、開山五百年を期して、本堂・庫院を新築した時の記念誌である。その中の文などを参考にしてまとめてみると、大雄院という寺は次のようになろうか。

まず開山は南極寿星大和尚で、後土御門《ごつちみかど》天皇時代の文明二年（一四七〇）のこととする。南極禅師の生まれは相模《さがみ》国で、星《ほし》氏の出身である。いつしか常陸に至り、深山幽谷のこの地に庵を結んで修行していたが、山尾《やまお》城主であった小野崎朝道《ともみち》は禅師の高風を聞き、厚く帰依するに至った。朝道は付近の土地数十町歩を寄進して堂宇《どうう》を建設し、天童山大雄院と名付けたという。

それより約二百年後、義公はこの寺に連山禅師を配した。連山禅師の生まれは東茨城郡上伊勢畑《かみいせはた》(現城里町上伊勢畑)。幼少から神童の誉れが高かったという。長じてから京都に上って修行し、明暦二年(一六五六)帰郷したといわれる。寛文二年(一六六二)龍谷院住職となり、次いで蒼龍寺《そうりゅうじ》に転じたが義公の認めるところとなり、寛文九年(一六六九)、大雄院住職を命ぜられたという。

当時の大雄院は、杉室《すぎむろ》というところにあった。文字通り杉の大木が山を覆う深山幽谷の地である。連山禅師には『杉室記』の一冊があるのでそれを参考にし、冒頭の部分を要約してみると次のようになろうか。

大雄院に至る谷の入り口には、高く大きな杉が路の左右を挟み、葦が麻のように群がり生えている。この杉は開山した南極禅師のお手植えといわれる。これを杉径《さんけい》と言っている。その先には小さな橋がかかり、これは清関《せいかん》と名付けられた。清き流れの関所の意である。しかしこの橋の先は狭く、車馬は行くことが出来ない。僅かに人と山の獣が通れるだけである。

更に進むと渓がある。この谷を虎渓《こけい》といい、三笑橋《さんしょうきょう》という橋がかかる。シナの廬山《ろざん》にある三笑橋に模したものであるという。橋を渡り十余段の石段を上がると、そこは広々とした境域である。殿堂あり、楼閣あり、廩倉《りんそう》ありで、壮大美麗の景色が展開する。これが吾が天童山大雄院の大伽藍である。

また『常山文集』「巻之七」には、義公がこの地で詠んだ五言詩が載せられている。「仲秋十八日。杉室大雄禪院に遊ぶ」とあり、「南極禪師開基。南極は道元和尚の法脈なり」という詞書きが添えられている。詩は次のようである。

探幽遊勝地　　幽を探り勝地に遊べば
一塢白雲中　　一塢《いちう》白雲の中
佛殿莓苔鎖　　佛殿莓苔《ばいたい》鎖《とざ》し
僧房煙霧濛　　僧房煙霧濛《もう》たり
水流皆課梵　　水流れて皆梵《ぼん》を課し
山靜卽觀空　　山靜にして卽ち空を觀ず
高蹈道元跡　　高く蹈む道元の跡
基開南極功　　基を開く南極の功
曾望方外月　　曾て望む方外《ほうがい》の月
常奉大乘風　　常に奉づ大乘の風
要煮白芽茗　　白芽茗を煮るを要《もと》め
頻焼紅葉楓　　頻《しきり》に焼く紅葉の楓

偸閒忘世事　閒を偸《ぬす》んで世事を忘れ
隨處洗塵蒙　處に隨《よ》りて塵蒙《じんもう》を洗ふ
借四大牀坐　四大牀《しだいしょう》を借りて坐し
不知永夜終　永夜の終はるを知らず

杉室に大雄院を訪ねれば、そこは深山幽谷の地。雲がかかり、霧が僧房を隠すほどである。しかもこの地は、宗祖道元の教えを伝える南極禅師が開いた大乗の道場である。紅葉を焼く煙が木々の間を漂う中で茶をゆっくりとすすれば、俗事を忘れ天地の間に逍遙する思いがし、座禅に興じれば夜の明けるのも忘れるほどである。義公至福の時である。

この詩は「庚申元旦」の詩の前にあることから、延宝八年（一六八〇）以前に詠まれたのであろう。とすると、延宝元年（一六七三）の領内巡視の時詠んだものであろうか。

八月十八日、水戸城を出でて石神から田中内《たなこうち》を経た義公一行は、石名坂、相賀浜、水木、諏訪と歩き助川に宿泊する。この行程の中で杉室《すぎむろ》に遊んだことと思われる。

さて、日立市郷土博物館に長居をしてしまったので、次は、当時大雄院があったとされる日鉱金属の日立工場を訪ねることにした。時計を見ると午後一時近くである。来たついでに神峰公園に上り、そこで昼食を食べた。空は青く、太平洋の海原が広がる景色にしばし茫然とした。小休止して気を取り直しさらに目的地に向かう。

日鉱金属日立工場と大煙突（旧大雄院）

現在でも、大雄院があった日鉱金属の日立工場へ行くには相当の距離がある。国道六号線から大雄院通りを西へ入り、宮田川に沿ってつづら折りの道路を行かなくてはならない。左右には山々が迫り、時々川のせせらぎも聞こえてくる。『杉室記』の記述にもあるように、当時はかなりの深山幽谷の地と思われていたに違いない。

しばらくして、日鉱金属の日立工場に到着した。正面の駐車場に車を止め、周囲を眺めてみた。ここが、かつて大雄院の甍《いらか》が軒を競った地である。敷地とされている平地には、日鉱金属日立工場の鉱石採掘加工の工場が建ち並び、山肌を這って排気用のコンクリートのトンネルが延びている。そのはるか上方には、「工都日立」のシンボルとして有名になった大煙突が、今でも煙を出す。近年この煙突は途中から折れ一時話題となったが、短くなった今も使用に耐えている。

ここで山全景の写真を撮り、入り口にある守衛所を訪ねた。敷地内の見学が可能かどうか若い守衛の方に聞いてみた。すると、あらかじめ総務課に願い出なければだめだという。そこで総務課の電話番号を教えてもらい、筆者の携帯電話からかけてみた。文明の力もここでは無力であった。わずか百メートル程のところにかけているのに、山中ということもあって電波が届かないのである。見学はあきらめて、さらに山中へと西に進路をとり、旧久原《くはら》本部のあった日鉱記念館を訪れた。

この記念館は、いわば「工都日立」の歴史を物語るシンボル的な存在で、ここを訪れないで日立の歴史を語ることは出来ないであろう。創業者としての久原《くはら》房之助の紹介や、鉱石の掘削機械やその変遷、坑道の構造の模型の展示など、専門家ならずとも知っておくべき事柄が数多くある。

筆者が特に興味を引かれたのは、世界各地から集められた鉱物資源のコレクションである。ウランの鉱石あり、鉄や銅の鉱石、アルミの地金まであって、多くの原石類が世界各地から集められている。電子機器の生産に必要不可欠な鉱物資源である「レアメタル」をめぐり、各国の資源獲得競争が激しさを増していると聞く。豊かな生活を享受している我々日本人は、このようなところにも関心の目を向けておくべきであろう。受付の方にいろいろ質問すると、日鉱金属のＯＢの方であろうか、てきぱきと答えて下さった。

見学を終え再び日立市内に戻ったが、帰路には一本杉というところがある。文字通り一本の杉の大木が立っていた。しかも道路の真ん中にである。道路はこの杉を避け、車はこの杉を左右にかわしながら走るのである。このような形で残されたこの杉こそ、かつての大雄院の杉林の生き残りの一本であるという。各地のいわれのある木々が何の遠慮もなく伐採されてきている光景を見てきた筆者には、

県道を分ける一本杉

この一本杉を残してきた人々の温かい心遣いは、なんと有り難いことかと思う。しばらく一本杉を眺め、その雄姿をカメラに収めた。

次の目的地は現在の大雄院である。日鉱金属の工場群を左に見ながら引き返す。途中大煙突と常磐自動車道とが重なって見られる場所があった。この光景を今度の『水戸史学』に載せてみたいと考えた筆者は、車を止め写真を撮った。そこは丁度日鉱金属白銀《しろがね》工場の前であった。ここから撮ると工場の屋根が僅かに写る。五六十メートル先には工場の守衛所があった。突然そこから守衛が飛んできた。今の写真を見せろと言う。工場の撮影は禁止なので、写したものは消して欲しいと言った。筆者は取材の目的を説明し、工場を写した訳ではなく大煙突と高速道路を写したかったことを主張したが、守衛は聞き入れてくれない。仕方なく写真を見せ、守衛の目の前で常磐自動車道と大煙突が写っている一枚を消した。この写真はあとから考えても大変惜しいものであった。デジタルカメラはこのような時、便利なようで不便である。

現大雄院に行くには、大雄院通りの道路標示があるので、そう迷うことはない。県道三六号線から

大雄院本堂

高速道路の下あたりを左に入り、武道館の重厚な建物を右に見ながら通り過ぎ少し行くと、左手に日立市立仲町《なかまち》小学校がある。大雄院は、仲町小学校の手前を上った所にある。やや急な坂を上ると駐車場があり、車を回す。そこは市内の景色が一望できる絶好の場所である。JR日立駅方面が眼下に広がり、その先には太平洋の大海原がゆったりと広がる。夜景はさぞ美しいものがあろう。

　まずは本堂に礼拝し、周囲を見渡す。寺は南に向かって開け、後ろには山が控えていて、その間に無数の墓石が所狭しと並んでいる。相当多くの檀家を抱えていると見た。本堂は南面し、東側に庫裏《くり》があった。作業を終えたばかりなのであろうか、頭に手ぬぐいをかぶってこちらに歩いてくる二人の若い僧侶が目に入った。そのうちの一人に、「お寺について知りたいのですが、ご住職はおられますか」と声をかけてみた。するとその僧侶は、「住職は私です」と言われる。「どうぞ受付にお回り下さい。いま準備しますから」と言われるので、遠慮なく受付に回り、そこで住職を待った。

　ややあって、先ほどの若いご住職が現れたのであらためて自己紹介をし、今回の訪問の目的を告げた。差し出された名刺を見ると、「曹洞宗大雄院　住職　南秀典」とあった。随分と若いご住職である。鶴見にある総持寺において修行され、家を継いでこの由緒ある寺を守っておられる。早速寺の由来や連山禅師について尋ねると、禅師の関係するものは寺が火災に見舞われたこともあってほとんど残ってはいない、という返事であった。ただ、禅師の書かれた『杉室記』は残ったというが、「直ぐに出してお目にかける状況にはない」ということであった。その他いろいろと伺ったが、何でも気さくに答えられ、帰路は爽やかな気分になっていた。寺務所には一枚の額が掛けられていた。見ると、道元禅師の七言詩を書いたものであろうか、

西來の祖道戒を侍し來る
月を釣り雲を耕し古風を慕ふ
世俗の紅塵飛びて動かず
深山雪狸草庵の中

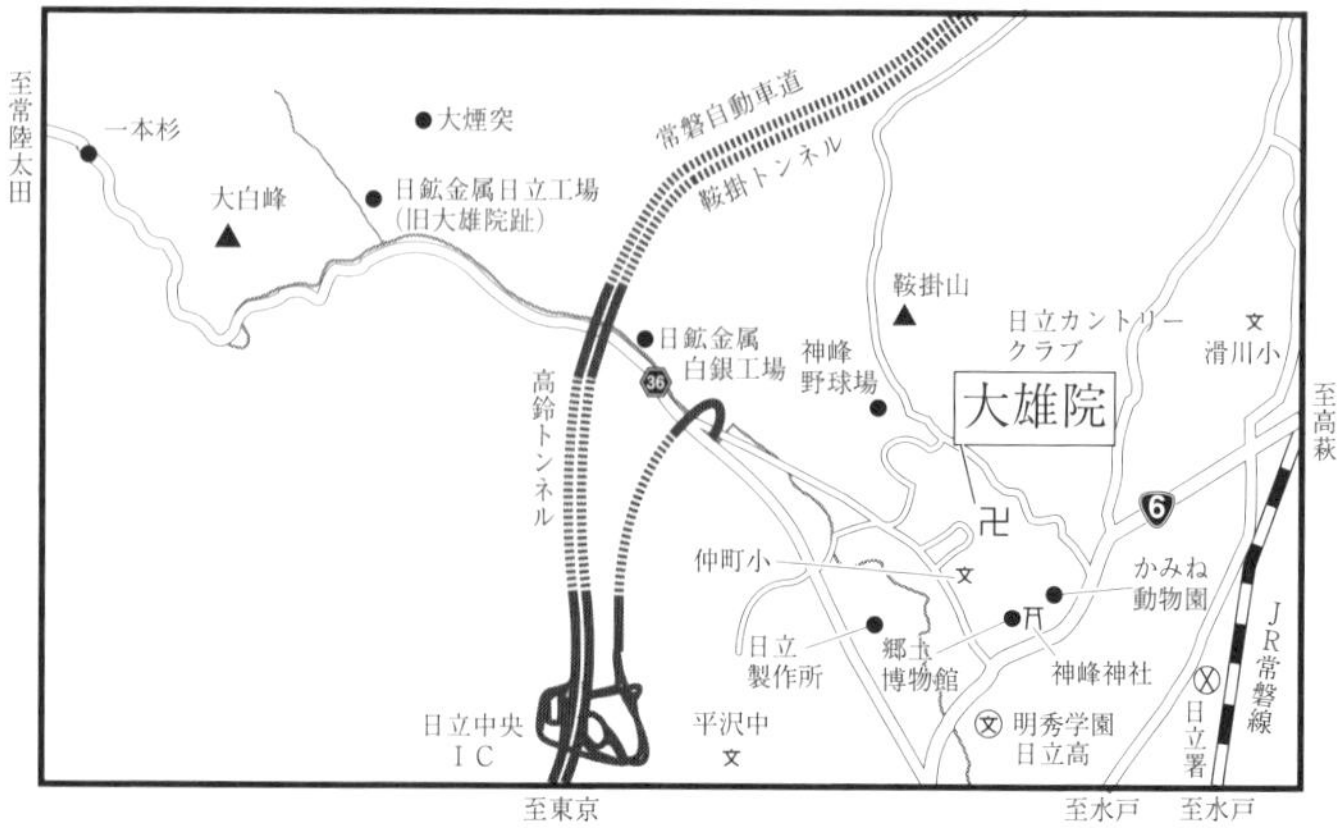

と読める。道元禅師は俗塵を嫌い、深山幽谷の中にあって只管《ひたすら》仏道の修行に明け暮れ、心身脱落することを説いた。ここ大雄院を訪れれば、「只管打坐」を説いた道元禅師の古風を慕う雰囲気を感ずることが出来よう。

(二) 助川長山家

『義公史蹟行脚』には、助川にある長山家の先祖は佐竹氏で、第十九代義重《よししげ》の子頼定《よりさだ》に始まるといい、頼定は佐竹氏の秋田移封後は浪人となり、助川の大聖寺《だいしょうじ》に入ったといわれる、と書かれている。寛永五年(一六二八)、義公が生まれると、乳母として長山頼定の妻「阿古」が選ばれたという。このような縁で義公はしばしば長山家を訪れ、義公時代の当主であった長山半兵衛に対しては乳兄弟なりといわれ、さまざまな拝領物があったことも書かれている。

昭和三年(一九二八)、弓野國之介氏が長山家を訪れた時には、まださまざまな拝領物があったようで、それは甲《かぶと》であったり古文書類などであったりと、相当の数があったろうと想像される。この時の当主は助川郵便局長助川萬次郎氏という人物で、その子には、帝展に数回入選している長山はく女史がいることも記されている。

さて、義公の乳母について調べてみると、『西山遺聞』「巻上」には、「御乳母の事」として次のような記事が見える。

西山公へ御乳付したるハ布施友雪母なり。又は加藤久右衛門・長坂野右衛門二人の者妻の母、名ハライと申候。御三歳まで御乳を上申候。御二歳の時、乳母乳あかり候て、三歳よりハ乳不レ被召上候。助川の露月母も少の内乳を上申候由、一向宗金沢覚念寺妻も少の内乳を上申候。

この記事は「佐ゝ介三郎宗淳筆記」から採ったことが明らかというから、まず間違いないとしなければならない。とすると二歳まで乳をあげたのは、布施友雪という人の母、名は「ライ」という女性であったろう。その後乳があがってしまったので、あとをついで義公に乳をあげたのが、露月《ろげつ》こと助川半兵衛の母である「阿古」であったり、覚念寺の住職の妻であったとしている。

一方『義公史蹟行脚』では、公が七歳の時、

ふる雪がおしろいならば手にためて小こうの顔にぬりたくぞある

と詠んだのはこのおこう（阿古）であったということである、と記している。

しかし、『桃源遺事』「巻之三」を見ると、

又七ツの御年、雪の日、

ふる雪がおしろいならば手にためて
小こうか顔にぬりたくそある

と遊ハし、彼小かう後改高嶋。近江七騎の内多湖刑部か女、石野八兵衛義利か妻、太郎八氏信か母也。と申老女ハ、男増りなる氣質也けれは、西山公を能守立くれ候様ニと頼房公御介添に御頼ミ被レ成候。（中略）

西山公御壮年の後、彼老女死去也。病中の御懇意は不レ及レ申、死後色〳〵追善を遊ハし、悼の御和文を被レ遊、御幼少よりさま〳〵深志に被レ為レ成候事を述させ給ひ、殊の外死別を御歎被レ成候。

とあり、義公七歳の時に守役を務めていたのは、近江七騎の一人多湖刑部の娘としている。

さらに『常山詠草』「巻之三」「涙のしつく」にも、

わなみむつきのうちより、ことにいつくしみふかふものせしものいまそかりける、そのかみ近江の國たかしまのぬし某のゆかりなれは、人みなこれを名とするにそなんありける

とあることからみて、七歳の時の歌の相手は、「高嶋」と後に名を改めた多湖刑部の女「小こう」である、と考えた方がよいと思われる。従って、義公が乳飲み子であるときに乳をあげた長山家の「阿古」とは、全く別人である。

想像するに、才気煥発な義公の躾《しつけ》役として、「小こう」に白羽の矢が立てられた。「小こう」の男勝りの性格は、公が軟弱な藩主になることを防ぎ、強くたくましく成長するはずとの期待がかけられたものであろう。それには近江七騎の一人多湖刑部の女は、うってつけの人物であった。この歌には、何かと口やかましい守役と、にもかかわらずそれを慕う少年義公の、何とも言えないほのぼのとした情愛が感じられる。

さて、その義公が助川の長山家を訪れたのはいつのことであろうか。弓野氏の『義公史蹟行脚』か

ら拾ってみると、寛文十三年（一六七三）が初めてのこととする。八月十八日水戸を発した義公は那珂川、久慈川を渡り長山家に着いた。『義公史蹟行脚』に道筋を書いてはいないが、市毛、佐和、石神と進み、久慈川を渡ったところで田中内の大内家に立ち寄ったと思われる。さらに石名坂、森山、大沼とたどり、相賀浜、水木、諏訪を見て長山家到着となったであろう。大雄院に連山和尚を訪ねたのは、この日の夕方のことであったと思われる。

『義公史蹟行脚』には、この時義公から長山家に銀子五枚金三両が下賜されたとあり、従った家来は三木幾衛門、伊藤玄蕃、市川三左衛門、横山信七等であったと書かれている。

二度目は延宝五年（一六七七）九月、三度目は貞享四年（一六八七）八月十五日に宿泊したと弓野氏は記しているが、具体的な内容については触れていない。

しかし貞享四年については、諸史料からある程度想像がつく。八月十五日、北辺巡視のため助川の長山半兵衛宅に泊まり、翌十六日は川尻に着いている。この後北を目指した義公は、二十七日には大《おお》能《のう》牧場を見て回り二十八日水戸に帰っているので、この間磯原周辺を巡視していたはずである。磯原の野口家の記録にも、八月中のこととして義公の「お成り」を伝えているというから、十七日から二十六日の間に野口家の御殿に何泊かしていると考えてよい。

『義公史蹟行脚』では、四度目は元禄三年（一六九〇）九月四日のこととする。六日まで滞在した義公は不動の滝を見、相賀浜より船にて川尻まで行ったことを記している。しかしよく考えてみると、元禄三年というのは義公が致仕した年であり、十月中は江戸にいた。史料などから、江戸に上るのは元禄三年五月二十九日、瑞龍山に墓参をしたあと、六月六日のこととされている。水戸に帰るのは元禄三年十二月四日であるから、元禄三年九月中義公は水戸にはおらず、元禄三年九月のこととするのは誤りとしなければならない。原史料にはそうあったのかもしれないが、諸家の史料は時々年月や日時に誤りが見られるので、かなり注意を要する。

諸史料から判断して、四度目は元禄四年（一六九一）九月四日のことであったろう。ここから磯原まで足を延ばし、また日立市入四間《いりしけん》にある御岩山《おいわやま》にも登ったりしている。六日まで滞在した義公は、この日のうちに相賀浜から船で川尻に行き、おそらくは川尻にあったとされる御殿に宿泊したことと思われる。

五度目は翌元禄五年（一六九二）七月十一日である。長山家に宿泊した義公は、翌日半兵衛父子を伴い川尻方面に向かったと記されている。

最後の長山家への「お成り」は元禄十年（一六九七）九月のことであろう。九月十八日、北筋巡見のため西山荘を出発した義公は里川沿いを北上し、小菅《こすげ》、大中《おおなか》、小中、子妻、徳田、里川から山を越え、君田、横川から磯原に入る。都からはるばると東路を下った貴紳、安藤朴翁を迎えた時のことである。安藤朴翁は、義公のすすめもあり水戸から同じ行程で北上し、徳田周辺の紅葉を堪能した。二人は磯原で落ち合ったことであろう。磯原で安藤朴翁に対面した義公は、徳田や里川の紅葉を見た感

旧長山家玄関

想を朴翁に尋ねたであろう。竜田の紅葉と徳田の紅葉といずれが勝っているか、朴翁は何と答えたのだろうか。気になるところではある。

その義公が磯原から助川に到着し、長山家に宿をとったのは、九月二十七日のことである。この時は夜になって「種々諧謔《かいぎゃく》を交えて主人に懇話などあったという」、と弓野氏は記している。弓野氏は当時長山家に残された史料を見て書いたのであろうから、史料が失われたとすると、この文章以外に当時の事を記す史料はない。貴重な文章といわなければならない。記録することの意味をしみじみと考えさせられたことであった。

さて、その長山家を訪ねるべく日立に向かったのは、平成十九年（二〇〇七）八月二十一日のことである。まず訪ねたのは、元同僚で日立一高に勤務する小川紀子氏のお宅である。氏は旧姓長山であり一族らしいとの話を聞いていたためであった。助川への途中森山というところがお住まいなのでここを訪ねる。助川周辺の道路事情なども詳しく聞くことができた。しかし長山家との関係などはよくわからないとの返事であった。

森山からは、氏に教えられた通りの道筋で行くことにした。国道六号線を北上し、多賀、成沢と進み、日立市役所前の丁字路を右折する。さらに三十メートルほどでまた右折すると、旧ボンベルタ伊勢甚の大きなビルにぶつかる。その駐車場を目指して進むと屋上に向かう車道があり、それを上っていく。この車道は相当の勾配があり、飛行機が離陸する時のような錯覚を覚える。屋上は駐車場で、そこに車を止めビルから降りて少し歩くと、国道六号線に面した長山家屋敷跡にたどり着く。

いざ長山家跡に立ってみると、『義公史蹟行脚』の中の堂々とした長山家の写真を見慣れている筆者にとって、全く想像を絶する世界であった。いわば都会の真ん中に位置しているといってよいこの場所からは、昭和の初めまであったであろう大きな玄関をもった長山家屋敷のたたずまいは、イメージすることさえ出来なかった。しばらく周囲を散策し、屋敷跡をカメラに収めた。

さて、長山家を探す手がかりとして「長山画廊」を探すように小川氏から聞いては来たが、国道六号線沿いにそれらしき建物はない。仕方なく、目の前を白衣姿の看護師とおぼしき人が通るので、「このあたりに長山はくさん関係の方がいるかどうかご存じありませんか」と尋ねてみた。すると、「ああ、それなら直ぐそこの建物に行けばわかると思います。こちらですよ」といって親切に案内してくれた。長山家の敷地跡から道路一つ隔てたところに「長山はく美術館」はあった。来た時は屋敷跡の方に気を取られ全く気付かなかったが、確かに長山家から出た日本画家長山はく氏の作品を展示している建物であった。

入口に立ち、声をかけた。すると、館の事務を担当する女の方が二階から降りてこられた。「長山家関係の方がやっておられると聞いて参りました」と言うと、「理事長は出ております。しばらくすると戻りますが」と言われる。聞けばこの方は職員で、理事長が長山家の当主であるという。「ではその間、絵を拝見しながら待たせていただきます」と言って、長山はく氏の絵を鑑賞して待った。現当主が現れたのは、それから間もなくのことであった。

「お待たせいたしました」と言いながら差し出された名刺には、「財団法人長山財団理事長　長山昌弘」とあった。早速来訪の目的を告げ、何か参考になることはないかお尋ねした。すると長山理事長から「『日立市史』などにも述べてある通り戦災で全て焼失してしまいました」という返事であったが、それからいろ〳〵伺うことが出来た。それによると、長山家が位置した屋敷はいわゆる陸前浜街道の中継地点にあたり、義公時代よりさまざまな物産を扱っていたふしがあるという。江戸期は仙台・石巻方面からの物産などを扱い相当の経済力を持っていたようで、例えば幕末の桜田門外の変の頃には江戸に「扇屋」という店を持っており、志士たちに相当の援助をしていたのではないかと言われる。常陸二之宮静神社の神官であった齋藤監物《けんもつ》は、桜田門外の変の中心人物である。その齋藤家とは姻戚関係にあるといわれるから、あるいはそうであったかもしれない。

明治になると、赤沢銅山の採掘にも長山家が関係していたようで、ドイツ人の技師なども出入りしていたといわれる。また日立銀行の創業や、のちの日立製作所関係の供給部の経営などにも携わり、いわゆる地方の名望家としての地位を保ってきたように思われる。

話がここまで来て、氏は意外なことを口にされた。それは長山家の出自《しゅつじ》に関することである。「長山家は佐竹氏の出であると一般には信じられています。しかし、自分は大学で史学を専攻したのでいろ〳〵調べることがありましたが実はそうではないと思います」、「佐竹氏は源満仲《みつなか》から出て頼信、頼信から頼義の子義光その子義業《よしなり》と続くが、私の家は満仲の長子頼光《よりみつ》から出ていると思う。最初は美濃あたりに居住していたが、北条氏との関係もあり、常陸に移住してきたことがその始まりではないか」と言われるのである。

筆者は驚いたが、系図というものは時々偽りもあり真偽のほどはわからないという氏の言葉は、なかなか重みがあった。なるほどそう言われれば長山家は佐竹第十九代義重の子頼定《よりさだ》から始まるとされてきたが、この頼定なる人物は佐竹氏の系図を見る限りどこにも見当らない。今までは系図から漏れたのであろうとされてきたが、佐竹氏の嫡流《ちゃくりゅう》は多少の例外はあるものの、その名には「義」の一字を付けるのが普通である。現当主の言われるように、頼定の「頼」の一字は頼光系統の名であるかもしれないと想像した。今後の研究が必要であろう。

また、閨秀《けいしゅう》画家として知られる長山はく氏がこの長山家の出身であることは、地元では知らぬ者はいない。その作品の展示を見たあとであったから、話は長山はく氏のことに及んだ。筆者に対し、理事長ははく画伯についていろいろと教示して下さった。話は近代の日本画家についてまで発展し、

は く画伯は松岡映丘《えいきゅう》の門下であったことや、同門の橋本明治《めいじ》、高山辰夫、杉山寧《やすし》など五人まで文化勲章受章者となったこと、また女流画家小倉遊亀《ゆき》などの画業にまで話は及んで、尽きることがなかった。

時計を見ると、筆者がお邪魔してすでに二時間は過ぎていた。二人とも昼食もとらずによく話したものである。これ以上は迷惑と思い記念館を辞すことにした。来月九月になるとまた絵の入替えがあると言われる。「どうぞまた来て下さい」と親切に言われるので、九月の再会を約して辞した。

このあと、郷土史関係の資料が「シビックホール」にあると聞いていたので、そちらに向かった。大きな地下駐車場に車を止めて入ってみると、一階は科学館であった。流石《さすが》は工都日立だけのことはある。子ども達が大勢おり、夏休みの宿題でも調べているのであろうか、ノートになにやらメモをしている子どもも数人いる。

開架式の図書館は、人で一杯である。夏の図書館はどこも同じである。二階の資料室までエレベーターが動いている。それに乗って上がるとこちらは人があまりいない。日立市史関係の書架に行き、長山家の資料を探してみる。期待したものは見付からなかったが、当時の長山家付近の略図を見付けることが出来た。現在の日立市役所はかつては沼であり、埋め立てた跡に作られたと聞いていた。なるほど地図には大きな沼があり、そこから川が流れ出している。『義公史蹟行脚』には義公が不動の滝を見たという記事があることから、かつての長山家周辺はかなりの高低差がある地形であったことが想像された。

また、『新修日立市史』の中の長山家関係の記事を見ていると、中に長山家の平面図が載せられている。長山家玄関の写真は見ているが、家屋の構造については資料を見たことがない。これは使えると思いコピーを係りの人に頼んだ。その他幾つかをメモなどして、この日の取材は終えた。

九月十四日再び長山家を訪ねた。受付の方から九月には全館展示替えをするとの話を聞いていたので、取材を兼ね、はく画伯の絵を見るためである。前回は長山家周辺を十分には見ていなかったので、今回はそれを見ようと付近を散策した。旧ボンベルタ伊勢甚北側には、大きな椎の木が数本あった。児童公園内の案内表示を見ると、日立空襲でも生き残ったものである、とある。樹齢は数百年、周囲は大人三人抱えはあろうかと思われる。また児童公園の東南の角には、立派な不動堂がある。後で聞くと、不動堂は現在地よりずっと東寄りにあったが、埋め立て工事の時移築したものであるということがわかった。義公当時の長山家屋敷は、相当な面積を有していたに違いない。

旧長山家屋敷の椎の大木

公園を歩いていると、見覚えのある女の方が挨拶される。

長山はく記念館

記念館の受付をされている方であった。この辺りのことについて聞いてみると、屋敷を手入れしている職人さんを紹介して下さった。そこで屋敷地に入ってみる。

現在の長山家が管理しているのは、国道六号線に面した地域の一部である。しかし大木が生い茂り、中に稲荷神社もある。屋敷地としてはそれでも広大な土地である。職人さんが屋敷の手入れをしていた。この中に入れば、かつての長山家の屋敷にいる趣を十分味わうことができよう。

屋敷地を見て再び長山はく記念館に入れば、館はすでに秋の色合である。奥の展示室中央には、萩の葉の黄葉が一面に描かれた中に、群青で色鮮やかに竜胆《りんどう》が描かれている一枚があった。この一枚で既に秋の気配濃厚であった。しばし絵に見入った。

「少しお待ちいただければ理事長は参りますよ」と受付の方は親切に言われる。せっかくなので待つことにし、それまで絵を鑑賞することにした。全部で二十数枚、じっくり見ていると間もなく理事長が現われた。早速、郷土資料室で見た地図について尋ねた。すると、「この地図は少し違っていますね」と言いながら、今の地形と異なっているところを詳細に話して下さった。

それによると、今の市役所のところの池から流れる川が助川町と宮田町の境界であったと指摘される。その川は高低差が大きく、滝が作られていた。それが義公が見た不動の滝で、そこには不動堂があったと言われる。しかし、昭和になってアメリカ軍の空襲があり、この一帯は焼け野原となる。この時長山家では、大事な品物を焼かないように、茅葺き屋根の建物から瓦屋根の倉庫に移した。ところが、焼夷弾はこともあろうにその瓦屋根の建物を直撃し、品物はすべて灰燼《かいじん》に帰したという。「茅葺きの建物は無事だったのですから皮肉なことですねえ」と言って、長山氏は笑われた。『義公史蹟行脚』に出てくる史料はこの時すべて失われたのである。

戦後復興が進むと、この一帯は大規模な埋め立てに遭う。川は全て埋め立てられ、不動の滝付近も高低差が失われるほど土砂が盛られ、美しい景観はすべて失われたと言われた。土砂は、日立製作所の工場建設地から出た残土が使われたともいう。「今考えると、惜しいことをしました」とも語られた。

長山理事長はそれからパネルにした大きな写真を出してこられた。『本陣長山家旧宅』と書かれている。「これが日立市史などに出ている写真です」と言われる。また画廊内には六人の人物が写る別の一枚も飾られている。当時の長山家玄関の重厚さを知る上ではどちらも貴重なものとなってしまった。

時間もあったので、「ところで、墓地はどの辺にありますか。帰りがけに寄らせていただきたいのですが」と筆者が言うと、「それなら常陽銀行の角の一方通行を真っすぐ行って下さい。突き当たりがそうです。右側に大きな民家があります」と理事長は言われる。お礼を述べて辞すことにした。

墓地に行くため一旦国道六号線に出、常陽銀行日立支店の角の一方通行の細い道路を西に向かう。少し行くと右手に大きな民家があり、突き当たりに墓地がある。大きな椎の古木が人目を引き、いかにも古い墓地の感がある。石工《いしく》さん達が工事をしていたので、長山家の墓地を聞いてみた。すると棟梁らしい人が、「ここは十五軒古いのがあるんですよ。多分奥の方だよ」といって筆者を案内してくれた。

椎の木の奥に長山家の墓地はあった。相当古い宝《ほう》篋《きょう》印塔《いんとう》が二基あり、既に朽ちかけている。それに手を合わせる。その他の墓石も古く、字がはっきり読めるものは少ない。案内してくれた人も一緒に

なって読んでくれている。「この暑いのに大変だね」と石工さんに同情された。石工さんはさらに大変なのにこのようなことは初めてである。思わず絶句した。この石工さんたちは、日立周辺の文化財の修理も頼まれるらしい。高鈴の峠にある地蔵像の復元も手がけたらしく、その時の苦労話を語ってくれた。また多くの墓地で仕事をしているが、この墓地が一番古いと思うということまで話してくれた。

「先生、そこのプレートを見て帰ったらいいよ」というので、帰りがけに南側の入口の小さなプレートを見た。プレートによれば、この墓地は天保十二年（一八四二）に廃寺になった「大聖寺」の墓地で、寺は大同二年（八〇七）の創建とある。地番は助川町三丁目一番。地積は一反五畝三十一坪。共有者として十五人の名が連ねられている。

それぞれカメラに収め、石工さんたちにお礼を述べて墓地を後にした。今年は九月に入ってからも気温が相当高く外で仕事をするのは大変であったが、そういう中でも人のことまで気遣ってくれた石工さんの思いやりに感謝しつつ日立を後にした。

（三）　川尻金成家

『常陸国風土記』「久慈の郡」の条を見ると、

高市《たけち》と称《い》ふ所あり。此より東北二里に、密筑《みつき》の里あり。村の中に浄《きよ》き泉あり、俗に大井と謂ふ。

夏は冷かにして、冬は温かにして、湧き流れて川と成る。夏の暑き時、遠近の郷里より、酒肴を齎賚《もたら》し、男女会集《つど》ひて、休《いこ》ひ遊び飲み楽しめり。其の東と南は海浜に臨み、石決明《あわび》・蕀甲蠃《うに》・魚・貝等の類甚多し。西と北は山野を帯ぶ。椎・櫟《いちい》・榧《かえ》・栗生ひ、鹿・猪住めり。凡し山と海の珍味《ためつもの》、悉《ことごと》に記す可からず。

とあり、現在の日立市南部辺りの記述が見える。「高市」は一般に日立市南高野周辺に比定され、「密筑」は水木、「大井」は泉が森のことであろうといわれている。古代から清水が絶え間なく湧き出る泉が森は人々の集う所となり、近くの水木海岸や河原子海岸などでは、「石決明」や「蕀甲蠃」、魚、貝などが豊富に獲れたことが記されている。「石決明」は鮑《あわび》、「蕀甲蠃」はウニのことである。

また西部と北部は、椎や榧《かや》などの照葉樹が繁った山々が重畳と連なり、鹿・猪なども多く棲んでいて、山海の産物に恵まれた豊かな土地柄であることが記されている。

さらに同書は、

此より艮《うしとら》三十里《みそみち》に、助川の駅家《うまや》あり。昔、遇鹿《あいか》と号《なづ》く。古老白へらく「倭武《やまとたける》の天皇、此に至りましし時、皇后《おおきさき》参り遇《あ》ひたまひき。因《よ》りて名づく。国の宰《みこともち》、久米の大夫《まえつきみ》の時に至りて、河より鮭を取る為に、改めて助川と名づく。俗の語に、『鮭は祖須介《もとすけ》と為す。』と謂ふ」といへり。

と続き、南高野から北に約十キロメートル、現在の助川町あたりまでの様子が記述される。

それによると、助川付近はもと「遇鹿《あいか》」といったらしい。日本武尊《やまとたけるのみこと》がここに至った時、弟橘姫《おとたちばなひめ》が大和から下ってきてこの地でお会いになった、という伝承に基づいて名付けられた地名という。これと同じ伝承が「行方郡」にある相鹿大生《あいかおおう》の地名の説明にも見えている。『古事記』や『日本書紀』の記述では、弟橘姫は相模の走水の海に身を投げて亡くなったことになっているが、当時の常陸の国では、弟橘姫は常陸の国まで下ったという伝承が伝えられていたのであろうか。

その後、「遇鹿」は相賀《あいが》村として地名を留め江戸期に至ったが、元禄年中、義公は、海岸は古の会《おお》瀬《せ》浦であるとして名を会瀬村に改め、現在に至る。

助川からさらに北に行くと、そこは陸奥の国と境をなす「多珂の郡」である。第十三代成務天皇は建御狭日命《たけみさびのみこと》を多珂国造《くにのみやつこ》に任命される。建御狭日命が多珂の国に赴任してみると、峰々は相当険しく山が高いと思ったので、多珂の国と名付けたという。なるほど、国道六号線を北上し日立駅を過ぎ、さらに宮田川を越えると、神峰神社が鎮座する鞍掛山《くらかけやま》の山塊にぶつかる。それから先、滑川、田尻、小木津《おぎつ》、折笠《おりかさ》、川尻《かわじり》、さらに伊師《いし》本郷のある旧十王町《じゅうおうまち》までの行程は、山々が次第に高く切り立って行くという印象を受ける。古代の人々もおそらくそのように感じたものであったろう。

義公の足跡を辿ってみると、それら各地の中で、川尻に宿泊した形跡がしばしばあることに気付かされる。古代史にも通じていた義公のことである、『常陸風土記』に記されているこの辺りの伝承についてなども、川尻を拠点として詳しく調べたことであろう。

藩主時代の義公が川尻を訪れた初見は、藩主就任五年後の寛文五年（一六六五）である。九月十四日、水戸城杉山口《すぎやまぐち》から村松方面に行き、途中今の東海村あたりの中山風軒宅に寄り、そこから川尻に向かった。川尻に着いたのは九月十六日、十八日には友部川・金沢金山などを見学し、十九日に川尻から水戸に帰っているから、この時の宿泊は川尻御殿と考えられる。これより先、寛文三年（一六六三）の「御国廻り」の時は川尻に立ち寄った形跡が見られないので、この間に御殿の建設がなされたのかもしれない。

次の機会は藩主としての第五回就藩の時、即ち延宝元年（一六七三）のことである。この時は、八月十八日から翌九月七日まで北領を中心に廻り、領内の民情を視察している。八月十八日に水戸城を出た義公は、田中内《たなこうち》大内家に立ち寄ってから助川長山家に入り、そこで宿泊している。川尻に向かうのは十九日、磯原野口家に入るのは二十三日のことであるから、川尻に四泊したことになる。野口家を出て再び川尻に入ったのは八月二十六日、川尻を出て次の目的地小菅に着いたのは二十八日ということから、この時は川尻に二泊したことになる。

川尻からは西に転じ、小菅《こすげ》、高倉、長福寺から大子町付《だいごまちづき》に行き、次いで鳥子《とりのこ》から石塚に戻り、九月七日水戸帰城となる。このようにして、助川から川尻、川尻から磯原へと北辺海岸の巡遊経路がほぼ決まっていくのは、延宝年間からであろう。

これ以後、藩主時代に川尻に宿泊したのは、貞享四年（一六八七）と元禄二年（一六八九）の二度あると思われる。藩主時代の川尻御殿への御成は、都合四回ということになろうか。いずれにしても、川尻御殿の存在は、これ以後の北領巡遊にとり重要な役割を占めていることが知られよう。

元禄三年（一六九〇）十月十四日、三十年に及ぶ藩主生活に別れを告げた義公は、養子綱條公に藩主の地位を譲り、晴れて自由の身となった。翌元禄四年（一六九一）五月九日、新築なった西山荘に入ると、新たな気持ちで領内の巡遊に出かけることになる。

小貝浜海岸

この年の九月磯原に「出御」するが、詳細については必ずしも明らかではない。ただ九月四日、五日は長山家に泊まり入四間《いりしけん》の御岩山《おいわやま》に登山し、六日には相賀浜から船で川尻に向かったことが知られている。『常陸風土記』にいう「遇鹿」の浜から、美しい貝が採れたという小貝《こかい》が浜付近まで、風土記の時代に思いを馳せながらの船旅であったかもしれない。西山荘に帰るのは九月十二日のことであった。

翌元禄五年（一六九二）は、七月十一日に助川長山家に宿泊した後川尻に向かい、近くの蚕養《こかい》神社に参拝したという記録がある。しかし、その後二年間は川尻周辺への「出御」の記録はないと思われる。

元禄八年（一六九五）八月になると、義公は一ヶ月にも及ぶ巡遊を試みている。八月十二日、野口村から桧沢村を経て鳥子《とりのこ》に出た義公は、現在の栃木県馬頭《ばとう》周辺を見て回り、そこからまた大子方面に進路をとった。八月二十八日は金沢《かねさわ》の寺に宿泊し、九月四日には大子町付の飯村家に滞在、八日には徳田《とくだ》の大森家、十日には磯原野口家へと「御成」になった。飯村・野口両家では、お供の人々と共に漢詩のやりとりをしている。大塚、赤浜を経て川尻御殿に入るのは、九月十四日になってからである。九月十五日には諏訪の多賀野《たがの》家に立ち寄り、「西山御殿」に帰るのはこの日の深夜になってからであった。義公六十八歳の秋のことである。

『新修日立市史』を見ると、『常陸多賀郡史』が日立の地名の由来を、義公が元禄八年九月十日神峰山奥殿に登り、旭日の立登る景色が素晴しかったことから名付けたという一説を紹介する。その上で、元禄八年に義公が当地方を訪れたという記録はないとし、元禄八年神社に「御成」になったという記事が神峰神社史料の中にあるから、「元禄八年九月十日、宮田村を訪れた光圀は、神峰山上に鎮座する本殿に参拝し、その時日の出を眺めたという伝承が、後世、日立という地名にまで発展していくのである」と記述している。

『新修日立市史』の記述からは、義公の神峰山九月十日「御成」説を肯定しているのかどうか必ずしも明確ではないが、前述したように、義公が元禄八年九月中に日立地方を訪れたことは明らかである。しかし、その行動からは九月十日に神峰山に登ったとするのは無理があると思われるので、この日程中に登山したものとすると、九月十五日早朝ということになろうか。

元禄十年（一六九七）九月、義公は京都から一人の貴紳をこの地に迎える。史臣として義公に仕えている安藤為実《ためざね》・為章《ためあき》兄弟の父、安藤朴翁《ぼくおう》である。三月十二日に京を出立した朴翁は、同月二十七日に品川に着き、四月一日小石川水戸藩邸に招かれた後、同四日に水戸に向けて出発する。水戸でしばらく滞在した朴翁が、義公との対面を果たすのは六月十二日、場所は西山荘においてであった。

この時の朴翁の感動は、その子為章編集の『千年山集《ちとせやましゅう》』に詳しいので省くが、朴翁の義公への傾倒は並々ならぬものがあり、義公もまた朴翁との邂逅《かいこう》をこの上なく貴重なものと考えていたことが知られよう。

九月に入ると、義公は徳田、里川から磯原方面へと朴翁を誘う。この辺りの紅葉は特に美しく、朴翁に是非見てもらいたいという趣旨である。九月十八日、義公が先行して徳田から里川に入り、磯原で朴翁を待つ。朴翁は二十二日に水戸を出、大中、徳田、里川を経て、九月二十六日磯原御殿で義公と再会したであろう。徳田や里川の紅葉について、それぞれの立場から感想を述べ合ったに違いない。義公至福の一時であったろう。このあと、朴翁一行は海岸を南下して川尻、滑川と進んだと思われる。

『千年山集』の中の「常陸帯」には、次の記事が見える。

　廿六日いそはらをいてゝ、上手綱村の長宏寺（略）能仁寺（略）下手綱村の大高寺（略）などを巡礼し（略）それより川尻の濱なとすきて栄蔵小屋といふ嶋山を見る。

　この嶋山むかしは田尻村の山につゝきたりしか、あらき波風にいつとなくくつれたへて、おのつから嶋となれりとそ。西山公の好事にて、こなたのきしより橋をかけわたり、かよふに橋のした四五丈もやあるらん、蒼波たゝへていとすさましく、股ふるひあなうらしゝまるここちそする。嶋はみないはほにして、まわり六七町もあるへき数百本の松、しほ風におひさらほひつつ見ところおほし。荒海のたかほし山のくつるることくいおとひかかりて、たましひもけぬへきやうにおほゆ。いつの比にかありけん、栄蔵といふ法師このしまに小屋をたてゝをこなひたるより、すなはちこの名を得たりとそ。そのところの口碑に

大田尻ころもはなきかはたか嶋おきふく風は身にはしまぬか

といひならはし侍るとかたるをききて、嶋にかはりて返歌し侍らんとて

あさなうななみのぬれ衣きるものをはたか嶋とはなに名つくらん

このわたりより日もくれかたにをよひぬれは、こよひは滑川といふさとにやとりとる。

朴翁一行は、上手綱《かみてつな》、下手綱の寺々を見たあと川尻の浜を通過し、田尻村の栄蔵小屋に立ち寄っている。栄蔵小屋とは、もともと田尻村の陸続きであった土地が、太平洋の荒波に削られて島と化したものであったろう。島の名の由来は、栄蔵という僧がこの島に籠って修行したことからついたものだという。

風光明媚《ふうこうめいび》なこの島に、義公はかつて橋を架けた。この橋を朴翁一行も渡ったのである。「橋のした四五丈もあるらん」とあるから、海面より十数メートルもあったろう。朴翁自身、波の荒い海にか

かったこの橋を渡った時、目もくらみ足もすくんだことを記している。しかし、いつの頃かこの島も荒波に侵食され、現在では全くその痕跡を留めてはいない。自然の造化の偉大さを感じさせられるばかりである。このあと朴翁一行は滑川に宿泊し、二十七日は相川《あいかわ》、森山を経て村松虚空蔵尊に参拝し、水戸に帰っている。

義公はといえば、二十七日は助川長山家の御殿に入り、二十八日に西山荘に戻っているので、この時川尻に宿泊はしていないと思われる。これ以後、川尻御殿に宿泊したという記録は今のところ出ていないので、これまで述べてきたように、藩主時代には四回、西山荘に引退後は三回、都合七回川尻御殿に宿泊していると考えられる。

平成二十二年（二〇一〇）七月、多賀の市民会館で講演をした折、川尻の陣屋についてあらためて調べてみた。すると、かつて集めておいた史料の中に、「川尻町一―三四」が陣屋のあった場所であるという記述を見付けた。講演会が済んだ次の日曜日、川尻御殿を突き止めようと日立市川尻町に出かけた。この日は摂氏三十度を超えた。車を降りて訪ね歩くのも容易ではない気温であった。

カーナビで表示された辺りに車を止め、道を行く数人の人に聞いてみたが、「御殿」については皆知らないと言う。近くの店で聞くと、黒澤という自転車屋のお爺さんが明るいと言うので、近くの自転車屋に行く。店に行くと老夫婦がおられたので御殿について尋ねてみた。やはりよく知らないと言う。代わりに、友部地区の樫村家なら旧家なので何か知っているかもしれないと言われる。この日の

金成家入口

取材はこれで終わる。

七月二十日を過ぎると近年にない酷暑になったが、善は急げとばかり、また七月二十一日取材に出かけた。筆者の家から東海村にあるＥＴＣ専用の入口まで行き、常磐自動車道に乗る。日立北インターまで行って高速道をおり、国道六号線を小木津方面に進路を取る。川尻はそこから直ぐである。国道六号線を高萩方面に五分ほど北上すると、間もなく川尻の中心街にさしかかる。今回目標としたのは、地元の造り酒屋日渡酒造であった。この辺り一帯が「川尻町一―三四」という地番である。ちょうどお昼時であった。失礼とは思いながらも玄関を叩き、陣屋はどこか尋ねた。すると、「よく知らないので近くの松本さんに聞いたらどうですか。歴史に明るい人です」と家人が言う。礼を言って数軒先の松本家を訪ねる。「豊浦通商」と看板にある。

門を入ると、松本さんは読書をされていた。名刺を差し出して義公の足跡を訪ね歩いていることを告げ、川尻御殿について知っていることがあれば教えて欲しいとお願いした。すると意外なことを言われた。「隣の金成《かなり》さんの所がそうかな」というのである。「今日はいるはずだな。一緒に行きましょう」といって先に立ち、案内して下さった。松本家の屋敷を西側に抜ける。そこが金成家であった。両家の間を細い道路が北に向かって延びている。「この道路は川尻から藻島《もしま》に抜ける旧道だと言われていますす。この辺りで最も古い道路のようですよ」などと郷土史について説明しながら、金成家の現当主に取り次いで下さった。松本さんにお礼を述べ、早速金成家を訪ねた。

金成家は旧家らしいたたずまいで、太い松の木が二本盤竜のように生い茂る。母屋はそう古い建物ではないが、庭には歴史を感じさせる古びた庭石が散在する。現在の敷地は二百坪くらいでそう広くはない。しかし、かつてはこの辺り一帯を所有していたらしい。

現当主は金成彦一氏といい、運送業を営んでおられるという。駐車場にはバス、トラックが所狭しと並んでいる。営業所は他にもあり、会社は日立二高の近くにもあると言われる。先代は歴史に興味を持っていたらしく、歴史講座などを聞くために水戸まで通っていたということを話され、先代が書かれた家系図のメモまで見せていただいた。「その他には大したものは残っていません」と言いながら出して来られたものを見て驚いた。葵の紋が入った鉄砲筒である。鉄砲そのものは失われて今はない。氏は、「この鉄砲筒はいままで誰にも見せたことがないんですよ」と言われる。突然の訪問でしかも初対面にもかかわらず、包み隠さずに語る氏の態度に恐縮した。

さらに続けて、昔は船主であった時期があり、かなりの船を所有していたと聞いたという。しかし、ある時大きな船の遭難事故が発生し、相当の犠牲者が出てしまった。先祖は責任を取りその補償に財

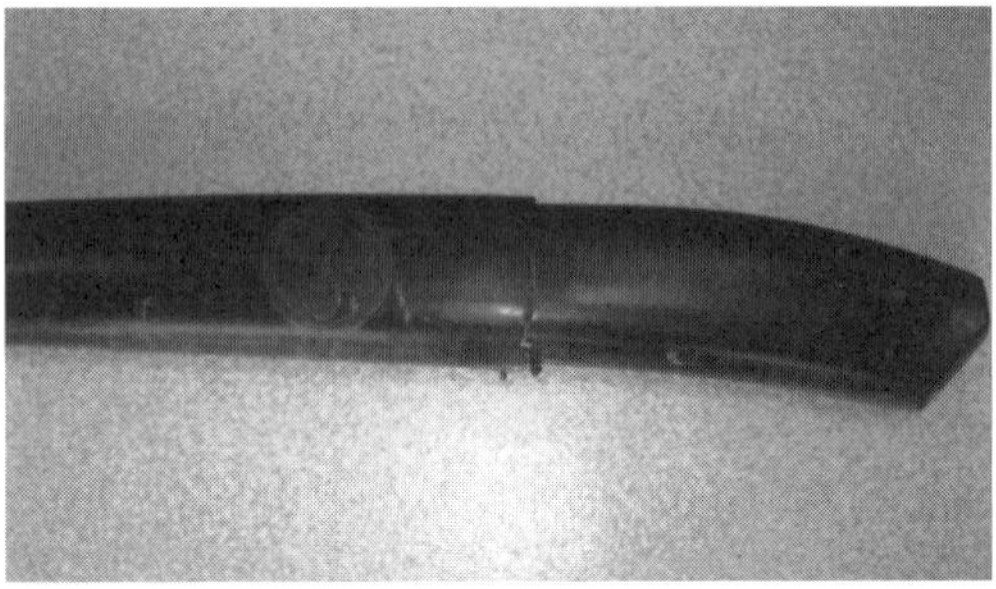
葵紋の入る鉄砲筒

産を充てたので、それ以後は家運が傾いてしまったと聞かされたと言われる。鉄砲筒以外にもいろいろ貴重なものがあったが、これ以外はほとんど失われ今はないとも言う。

また、「今は郵便物などもきちんと住所を書かないと届きませんが、少し前までは川尻御殿金成と書いてあれば届いたものでした」とも言われた。だいぶ貴重な話を伺ったが、場所は会社の事務所であり、仕事中とも思われたので失礼することにした。

帰り際に金成家の庭を見ていると、ご母堂がおられたので挨拶をした。するとそこで立ち話になり、さらに面白い話が聞けた。「私がこの家に嫁に来た時、この松はすでにあり、当時から太いものでした」と言われる。また、「変な話ですが、嫁に来た時の家はなんて広いお便所があるんだろうと思ったほど広かったんですよ」、「言い伝えでは、お侍がよく泊まったので、裃を着ていても用が足せるようにゆったり作られているということを聞かされました」とも言われる。家の周囲を回ってみると、間取りは那珂市額田の鈴木家の書院によく似ている、という印象を受けた。

家に戻り『豊浦の歴史』を見ると、もとの「御殿」は宝暦年間に廃されたという記述がある。それ以後、金成家の人々は同じ敷地に建物を造り住まわれて来たのかもしれない。また、義公が「川尻村の漁船に乗って、沖でかつお漁を見たのは寛文十三年（一六七三）八月である」という記事も見えている。日時を調べると、同年八月二十二日午前中のことと思われた。すでに述べたように、これらのことは義公が川尻を中心に歩き、前後六泊した時のことである。この記事から、義公が漁業関係にも並々ならぬ関心を持っていたであろうことが想像できる。

地元の伝承として、「かつおの塩辛は江戸中期以後に川尻の名産となるが、そのきっかけは、光圀が川尻村の医者の某を陸奥に遣わして製法を研究させ、元禄九年（一六九六）に医者が川尻に戻って研究の成果を広めたのが始まり、といわれている」などと記されているところからも首肯《しゅこう》できよう。

江戸中期から、川尻は庶民の旅籠として賑いをみせたらしく、商店や漁獲物の加工業者も現われて、塩辛や鰹節の生産が盛んになる。特にかつおの肉をたたいて作る肉醬《にくしょう》は、水戸徳川家から公儀への献上品になったといわれている。もとはといえば、義公の旺盛な研究心のしからしむるところであったろう。このようなところにも、民政の安定のためあるいは藩の殖産興業にと、しきりに心を砕く義公の苦心を垣間見ることができる。

さらに『地名を訪ねて』という書を見ると、「川尻御殿」の後年の当主に金成棗坪《そうへい》という人物がいたことが記されている。出生は慶応元年（一八六五）、幼名千太。明治二十五年（一八九二）頃、『日本外史』を著わした頼山陽《らいさんよう》の叔父にあたる頼杏坪《らいきょうへい》にあやかり棗坪としたと記す。祖父は玄柱といい、医を業としたという。幼少より父玄益について医術を修め、明治二十一年（一八八八）医術開業試験に合格。金成養生院を継いで催眠術応用の精神療法を研究し、その業は福島県平《たいら》方面にまで聞こえたという。

しかし性格は豪放磊落《ごうほうらいらく》、診療の報酬はもらわなかったという逸話も伝えられている。多賀郡の医師会長を務め、郡会議員も二期務めた。これらのことを併せ考えると、かつおの塩辛の製品化の研究を命じられた川尻村の医者とは、もしかすると金成家の人物であったかもしれない。海難事故の折、先祖が犠牲者のために全財産を擲《なげう》ってこれを救済したという話や、金成棗坪という人物の逸話などからは、金成家の人達に流れる義侠の精神が感じられる。義公が金成家の敷地に「御成御殿」の建築を命じた理由の一つは、この家に高邁な精神を感じたからであっ

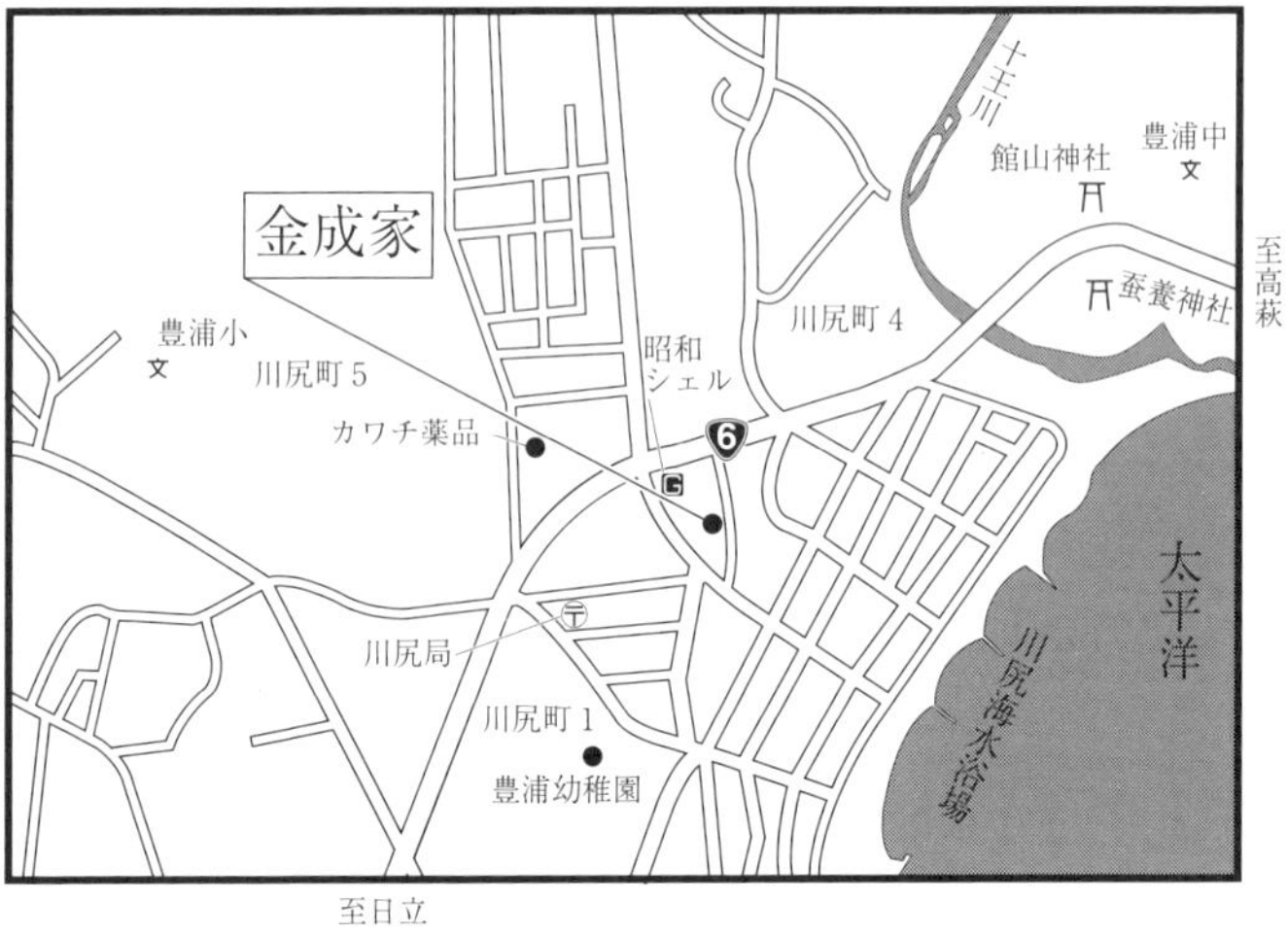

たといえないであろうか。現当主の話の中から感じられた先代の人柄や、言葉のはしばしに表われる彦一氏の物言いの中に、この精神が脈々と受け継がれていることが感じられた爽やかなひとときであった。

那珂市

（一）常陸二ノ宮静神社

水戸から国道一一八号線を北上する。常磐自動車道をくぐり、戸崎十文字の信号を通過して三キロメートルほど行くと、右に瓜連小学校がある。その先の十字路を左折して少し行くとこんもりとした丘が見えてくるが、そこが常陸二ノ宮静神社の鎮座まします那珂市静の地である。

和銅六年（七一三）、時の元明女帝はそれぞれの地域に残る古い言い伝えを後世に伝承すべく、全国に地誌の編纂を命じた。現在に伝わるのはそのうちの五つの国の風土記にすぎないが、『常陸国風土記』がほぼ完全に近いかたちで残されていることは、郷土の古代史を研究する上で実に貴重なことであるといわなければならない。その『常陸国風土記』「久慈郡」の条を見ると、次のような記述がある。

郡《こおり》の西□（欠字）里に静織《しずおり》の里あり。上古《いにしえ》の時、綾《しず》を織るのはた機を識らず、未だ知る人在《あ》らざりき。時に此《ここ》の村にて初めて織りき。因《よ》りて名づく。北に小水《おがわ》有り、丹《あか》き石交雑《まじわ》れり。色は琥碧《あかだま》に似て、炎《ひ》を鑽《き》るに尤《いと》好し。以ちて玉川と号《なず》く。

北関東自動車道と常磐自動車道を接続するため、友部インター近くの笠間市仁古田《にこた》地区の工事をした時、古代の官道《かんどう》跡が発見された。その官道はといえば全くの直線で、遥か北に向かって延びていた。当時の常陸国国府があった現石岡市府中から、水戸市渡里付近にあったとされる官衙《かんが》にまで延びている官道の一部であろうと思われる。真っすぐ北に延び、幅十数メートルもある官道跡に立った時、古代の人々が国家建設にかけたエネルギーがひしひしと感じられた。

静神社神門

古代の官道は直線的に建設され、現代の高速道路に匹敵するといってもよい。官衙《かんが》があったとされる水戸市渡里の地から北に十数キロメートル行った常陸太田市大里の地にも、同じように古代の役所が置かれていたと思われる。

数年前、常陸太田市大里にある市立南中学校付近の道路工事の際には多くの住居跡が姿を現わしているが、筆者もその時見学に行ったことを思い出す。住居を囲んだ環濠らしきものも現われ、かなり大規模な古代の集落跡であることが認められた。このようなことからも、『常陸国風土記』「久慈郡」

中の「郡《こおり》」は現在の大里に比定するのがよく、その大里から見て西の方角にあったのが、静神社が鎮座する「静織の里」であったろう。

『日本書紀』「神代巻」には、経津主神《ふつのぬしのかみ》と武甕槌神《たけみかずちのかみ》二神による国土平定の神話が語られているが、一説にはとして、服属しない者がまだあったのでさらに建葉槌神《たけはつちのかみ》が派遣され、香香脊男《こごせお》を討ち平らげたことが見えている。また日立市久慈町にある大甕《おおみか》神社の由来では、この香香脊男の甕星《みかほし》軍は巨岩に拠り抵抗したので、建葉槌神軍は苦戦したことが伝承される。しかし建葉槌神軍は香香脊男軍をやっとのことで全滅させた。神社のある辺りを甕の原というのは、香香脊男の軍を甕星軍といったことから出た地名であるともいう。

神社はもと大甕山上に鎮座していたが、義公は元禄八年（一六九五）、香香脊男が拠ったという宿魂石に移した。現在の大甕神社が鎮座する場所がそれである。建葉槌神は機織も司ったので機織技術をこの地に伝え、その子孫が自らの遠祖を祭ったのが静神社の起源であるといわれる。倭文織《しどりおり》はといえば、織物の中でも最も古いものである。青い筋のある布であるという説や、乱雑な紋様であったという説がある。古代国家形成の物語といい、静の地に起こった織物の歴史といい、二つを重ね合わせてみると、歴史のロマンを十分に感じさせるものがこの地にはある。

さて義公が静神社を訪れたのはいつのことであろうか。『桃源遺事』「巻之一上」には、次のような記事がある。

同七年丁未十月、吉田（日本武尊、常州茨城郡吉田郷）・靜（手力雄尊、常州那珂郡静村）の祠を修造仰付られ、唯一宗源の神道に御改め、乙女八人・神樂男五人ずゝさしおかれ、日月四神の幡および樂器、もろもろの神宝を御納め給ひ、社僧を癈（廢）し別寺に住さしめ、其田をもつて修復の料にハいたし申やうニと神職の者に被二仰付一候。且靜の明神の瑞籬の邊に檜の大木あり、其本より銅のをして壹枚堀（掘）出し候。方二寸ハかり也。印文靜神宮と有、諸人奇なる事に思ひ、則言上申けれは、西山公銘をあそはし、是を祠中江御納なされ候。

ここで「七年丁未」とあるのは、寛文七年（一六六七）のことである。寛文元年（一六六一）八月、父威公の薨去によって第二代水戸藩主となった義公は、寛文三年（一六六三）十月、早くも藩内の巡視を行なっている。那珂郡を始めとして久慈郡、多賀郡、さらには当時水戸藩領であった下野国那須郡武茂《むも》にまで足を運んでいる。およそ十日ほどの行程であったと推定されるが、この時以来、自らが理想とする藩政へと改革を始めるのである。

まず寛文五年（一六六五）、寺社奉行を任命して三千余の淫祠を潰したうえで、翌寛文六年（一六六六）、新建寺院を廃止して僧を還俗させた。次いで行なわれたのが、『桃源遺事』「巻之一上」に見える寛文七年の吉田・静両社の改革である。『桃源遺事』の文中にもあるように、中世以来の神仏混淆によって社寺が渾然《こんぜん》一体となり、僧侶が神社の祭祀を司るような場面がしばしば見られた。そこで神は神、仏は仏として神仏分離を徹底し、両社をもとの形に改めようとしたのである。

その静神社を修復した時、瑞籬《みずがき》近くに生えていた檜の大木の根本付近から銅印が出土した。銅印は二寸四方の大きさで、「静神宮」という印文が彫られていたので、義公はこれを奇瑞《きずい》とし、後世に伝えるべく自ら銘を作って神社に納めたというのである。

これを調べようと静神社を訪れたのは、平成二十年（二〇〇八）夏のことである。現宮司齋藤隆氏とは旧知の間柄であったので、直ぐに話を通ずることが出来たのは幸いなことであった。ある日の午後、齋藤宮司との面会を電話で予約してから、那珂市の自宅を出て静神社に向かった。三十分ほどで到着する。風が心地よい神社の長い階段を上りながら周囲を見渡すと、古代もそうであったろう、長《の》閑《か》な農村の風景が展開する。

階段を上りきったところに建つ神門をくぐって拝殿に進み、参拝を済ませる。社務所の玄関に立ち案内を乞うと、齋藤宮司が出てこられた。応接間に通され、挨拶もそこそこに昔話に花が咲く。旧知の間柄というのはわだかまりがなくてよい。来訪の目的を告げ、義公奉納の銅印のことをお願いした。すると快く見せて下さると言う。

ややあって、齋藤宮司は奥から箱を一つ大切に運んで来られた。時代を感じさせる絹の袋に包まれた黒漆塗りの美しい箱が現われ、箱の四方に端正な文字で書かれた文章が見える。まさしく義公の文章である。齋藤宮司は慎重に箱の蓋を開け、中から年代物の古印を取り出して座卓の上に置かれた。古印はかなり彫りが深く、「静神宮印」の文字が読み取れる。平安時代のものではないかと言う。箱

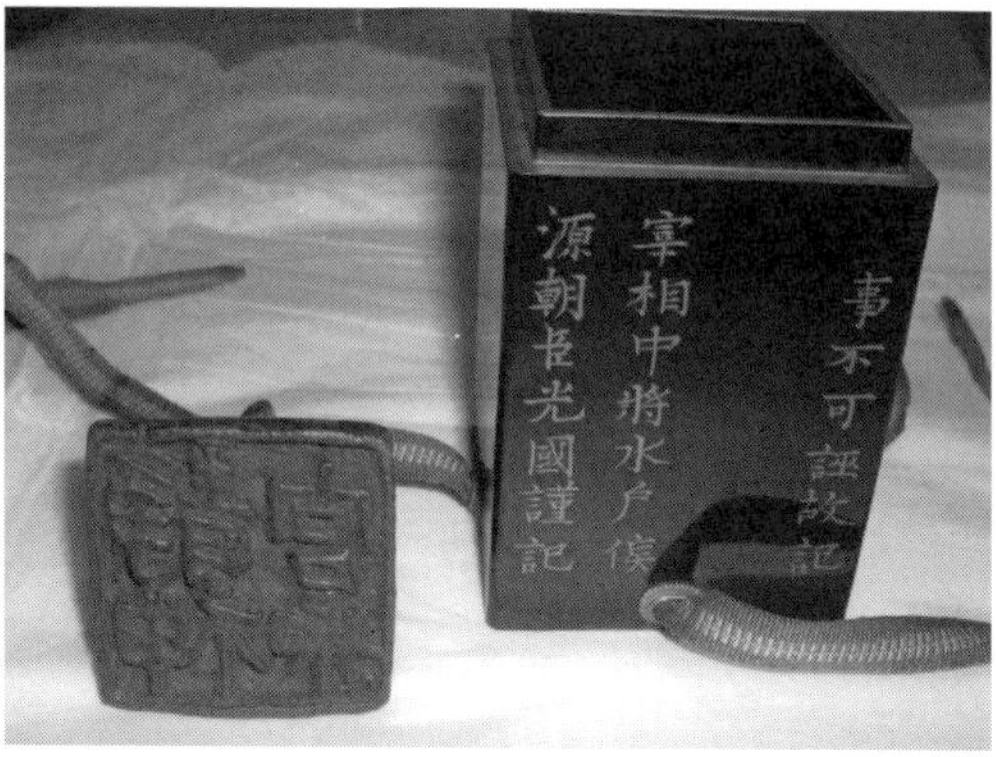

静神宮印

と印と、許可を得てデジタルカメラに収めた。箱に書かれた義公の文章は次のごとくである。

今茲寛文丁未
恢復
靜神廟十一月四
日鐲土石芟榛
薈獲一印于檜
樹下鐫
靜神宮印四字古
銅楷書方可二
寸遂命韞匱以爲
神璽於乎神靈赫赫
和璧再出其
事不可誣故記
宰相中將水戸侯
源朝臣光國謹記

各書にも書かれているが、神社の修復の時檜の大木の根本から出土したという「静神宮」と彫られた古印がこれで、大きさは二寸四方、義公はこれも何か神の思召しであろうとし、由来を記して永く伝えようとしたのである。

注意すべきは「静神宮」とあることであろう。現在、神宮号が付けられて呼ばれているのは伊勢神宮であり、鹿島神宮、香取神宮、熱田神宮、橿原神宮などと、凡そわが国の国家形成に重要なかかわりを持つ神社ばかりである。このように考えると、「静神宮」の印が用いられていたということは、この神社の祭神が古代国家形成に果たした役割が大きかったことの証明でもある。

『延喜式』を見ると、古代においてこの「神宮」の称号で呼ばれたのは、常陸国の鹿島神宮と下総国の香取神宮のみであり、両社がわが国の国家形成の上でいかに大きな功績を認められたかを物語る。静神社は『延喜式』では名神大社とされているが、その後神宮号で呼ばれていたということは、平安時代は両社と同等の社格であったことを示しているといえようか。またここに記されている寛文丁未の年は、ちょうど義公の不惑の年に当たり、まだ「光國」と記している。「光圀」と記すのはそれから十数年後、五十五、六歳になった頃のことである。

齋藤宮司は、神社にもう一つの宝物があると言う。和歌で有名な三十六歌仙の扁額である。この際是非にということで、特にお願いして見せていただいた。歌仙というのは、唐の李白を詩仙と称したことから、わが国で優れた歌人を歌仙というようになったことによる。

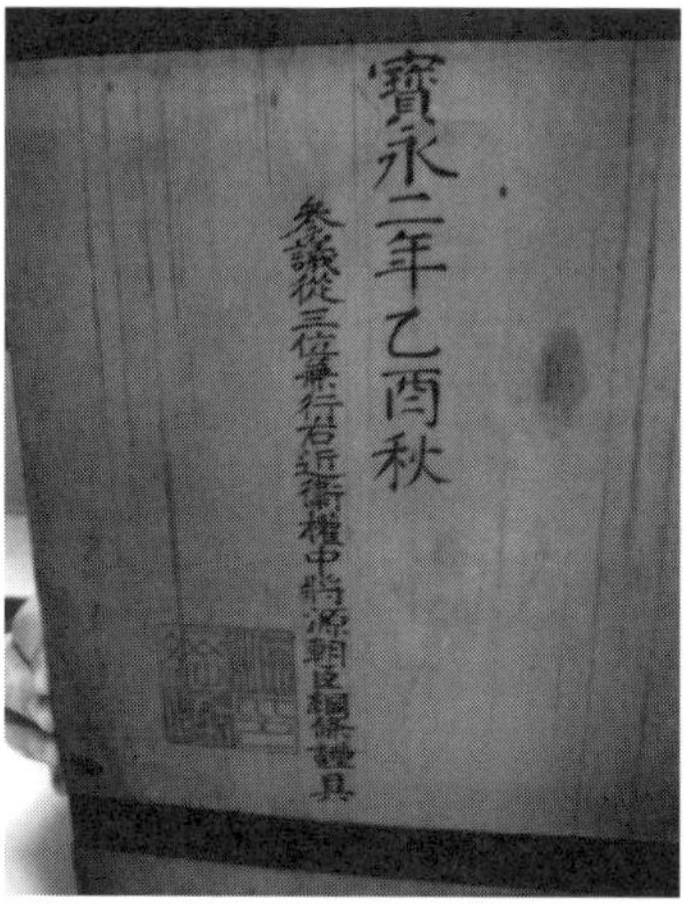

三十六歌仙（裏書）

三十六歌仙（小野小町）

十世紀初め、醍醐天皇は『古今和歌集』の編纂を命ぜられた。唐風文化へ傾きすぎた風潮が反省され、わが国固有の文化を見直す機運が生じて来たことによる。『古今和歌集』は紀友則《きのとものり》・紀貫之《きのつらゆき》・凡河内躬《おおしこうちのみ》恒《つね》・壬生忠岑《みぶのただみね》の四人が編纂に当たった勅撰集で、収められた和歌は約千百首、二十巻に分類された。在原業平・小野小町などは六歌仙として特に有名である。また平安中期、藤原公任《きんとう》が選んだ優れた歌人三十六人を三十六歌仙というが、鎌倉時代になると三十六歌仙絵が盛んに作られる。室町期以降になると、像を描き詠歌を書き添えた扁額などが社寺に奉納されるようになり、特に江戸期に盛んであったという。

静神社に奉納された三十六歌仙の扁額は、その裏面に記されている銘から、第三代水戸藩主綱條公の寄進にかかるものである。一枚一枚に「寶永二年乙酉秋　參議從三位兼行右近衛權中將源朝臣綱條謹具」の銘が書かれ、「源綱條印」の朱印が押されている。大切に保存されていたからであろう、絵は当時の色合いをそのままに保ち、墨痕《ぼっこん》鮮やかに和歌がそれぞれに書かれている。このような優品もそうはなかろうと思われた。

齋藤宮司の話によれば、もともとは義公が奉納しようとしたものだという。しかし、元禄十三年（一七〇〇）十二月六日義公が薨去したことにより、奉納はならなかった。孝子であった綱條公は父義公の志を受け継ぎ、宝永二年（一七〇五）に、実現させたのがこの三十六歌仙の扁額であるというのである。

この中には小野小町の、

色見えで移ろふものは世の中の人の心の花にぞありける

の歌や、伊勢の、

思ひ川たえず流るる水の泡のうたかた人に逢はで消えめよ

などの歌が見える。

そういえば『義公全集』の「中巻」には、義公の和歌集である『常山詠草』が収められており、実に九百十余首を数える。和歌・漢詩のみならず何事にも通じていた義公の多才ぶりが窺える。義公の関心が和歌にもあったことは確かであろう。その『常山詠草』「巻之三」に「笑々和歌集序《しょうしょうわかしゅう》」の一文が載せられ、冒頭で義公は次のように述べている。

大和歌はあめつちひらけはしめて、あまのうきはしの下にて女神男神となりたまふむかしより、此道をのつからそなはりて、すかのねのなかき代々につたはれり、されは神代には歌の文字いまたさたまらす、たゝすなほにしてことの心はきかたかりき、あらかねのつちにしては、つまこめし八重かきのこと葉の花さきそめしよりこのかた、五七五七七の句をさためて、みそもじにあまる一もしのことの葉とそなれる、されは中津國のしはさとして、あしかひのはしめより、あつまり生るゝものはいかてか歌をよまさりける

開闢以来わが国では歌が詠まれて来たが、五七五七七のかたちが定まったのは須佐之男尊《すさのおのみこと》が「八雲立つ出雲八重垣妻籠《つまごみ》みに八重垣作るその八重垣を」という新婚の歌を詠んでからだという。それを嚆《こう》矢《し》として、国民みな歌を詠むことが慣例となったとある。

さらに続けて、

大和歌はあさはかなる翫《もてあそび》ことのやうにしもあれと、しかはあらす、周雅のふかきにことならす、もろこしの三のすへらき、五のみかとのすくなるみちをしえ、ひとしく五つのことはなる世しろしむるは歌なり、故に代々のひしりの御代にもこれをすて給はす、ならの葉の名におふ宮の萬葉集をはしめとして、永徳のかしこかりし御代にいたるまて、おほやけことになすらへてえらひあつめさせたまふ跡、二そしあまりひとたひになむなりて、いま正保のはしめにいたるまてこれを翫ふ

とあるように、義公は歌を単なる文学的意志伝達手段としてばかりでなく、『詩経』にも見られるごとく、「すくなるみち」を教え伝える教学的手段でもあるとしているのである。それ故に御歴代の天皇は、「萬葉集」を始めとしてその後の「二十一代集」に至るまで、和歌集の編纂を勅撰に準じて進められ、今すなわち正保に至ったとする。しかしその後絶えて和歌を編纂することもなく、優れた歌よみの名が埋もれてしまうのはいかにも残念であるとして、ここに歌を集め、歌集を「笑々和歌集」と名付けたというのである。正保二年（一六四五）神無月のことであるから、義公十八歳の時の文章である。

十八歳といえば、義公が『史記』「伯夷伝」を読んでから翻然として目覚め、学問に出精したといわれている年の作であるが、文章からは、義公がそれまでいかに学問を積んできていたかが窺えて興味深い。

梶山孝夫博士は『水戸派国学の研究』において、

佐々木信綱博士によれば、光圀は亡くなる三日前まで万葉集の研究に心を用いてゐたのであり、「公の晩年の精力は、専ら万葉に注がれて居たのであると謂つても敢て過言ではあるまい」といふことになる。してみると、光圀は若き日に万葉集に関心を持ち、最晩年までその研究に心を砕いてゐたのであり、光圀の生涯の中に万葉集の果たした役割もまた大きく、光圀の思想を考えるとき万葉集を抜きにしてはならないといふことにならう。

と述べているが、このことは義公を知る上で非常に重要な指摘である。

若い時から関心を持ち続けた万葉集の詳しい注釈書を作るべく、義公は研究者として知られた下河辺《しもこうべ》長流《ちょうりゅう》に研究を依頼した。しかし、長流は老齢であることをもってこれを弟子である契沖に託す。これを受けた契沖は師の代わりに注釈書『万葉代匠記《まんようだいしょうき》』を完成させ、義公に提出したのである。「代匠記」と名付けた理由については、長流の代わりとする説と、義公の代わりとする説がある。「代匠」の意味は当初、長流に対してであったろうが、元禄三年（一六九〇）に提出された「精撰本」では、水戸藩との交流により多くの進んだ点が見られるというから、最終的には義公に代わって完成させたということでよいと思われる。

それはさておき、万葉集の注釈を義公が依頼し、契沖が『万葉代匠記』を完成させたことの意味は、その後の文化・思想の流れを考えるときわめて大きいものがある。国学の興隆は伏見の神官荷田《かだのあずま》春満《まろ》に始まるといわれるが、彼こそ契沖に万葉集を学び国学の学校建設を八代将軍吉宗に建言した人物であり、その春満に学び『国意考』・『万葉考』を著して古道を明らかにしたのがかの賀茂真淵《かものまぶち》であり、その真淵に憧れたのが本居宣長《もとおりのりなが》であったからである。

宣長は何とかして真淵に教えを乞いたいと願っていたが、真淵の伊勢参拝の折やっと教えを受けることが出来た。宿願を果した宣長は真淵の意を体して古典研究に没頭、遂に『古事記伝』四十四巻を完成させた。宣長の生涯を決めた真淵との師弟《してい》としての会見は生涯にわずか一度限りであったので、後世「松坂の一夜」として語り伝えられてきたのである。

さらに、本居宣長の死後の門人といわれ、『古史徴《こしちょう》』を著わして復古神道を大成したのは平田篤胤《ひらたあつたね》であり、篤胤は幕末の尊皇攘夷運動に大きな影響を与えたことで知られている。また、五歳で失明し賀茂真淵の門人となった塙保己一《はなわほきいち》は和学講談所を設立、古代から江戸初期に至る国書を分類して正編五百三十巻を完成させる。続編千百五十巻はその死後に完成する。『群書類従《ぐんしょるいじゅう》』がこれである。多くの古書がこれにより隠晦《いんかい》を免れ、今に至るまで多くの研究者に資していることを考えると、歴史研究史上に果した保己一の功績はきわめて大なるものがあろう。

こうしてみると、江戸初期の義公による万葉集研究は、わが国全体の古典研究に影響を与え、国学の発展とその後の明治維新への寄与をもたらしたといってよい。また一方、義公に始まる水戸の学問は、幕末に至り藤田東湖や会沢正志斎らの優れた学者を生み、その影響を受けた真木和泉守や吉田松陰、橋本左内などの俊英が明治維新実現に果した役割を考えた時、近世史上における義公の影響というものを、改めて検証する必要があるであろう。

おりしも平成二十二年（二〇一〇）は水戸藩開藩四百年に当たり、それを記念して桜田門外の変の映画化も進行中だという。時の大老井伊直弼が、水戸藩の改革派をはじめ吉田松陰、橋本左内らの優れた人物を大弾圧したために引き起こされたのが、桜田門外の変の義挙であり、井伊打倒に参加した十八人の志士のうちの一人が、静神社長官であった齋藤監物であったことはよく知られている。

『万葉集』「巻二十」には、防人《さきもり》の歌としてこの地から九州に出陣したであろう倭文部可良麻呂《しどりべのからまろ》の長歌が収められ、その二首前には那賀郡の上丁大舎人部千文《じょうていおおとねりべのちふみ》の次の歌が載せられている。

霰《あられ》降り鹿島の神を祈りつつ皇御軍士《すめらみくさ》に我は来《き》にしを

齋藤監物は安政四年（一八五七）の水戸藩校弘道館開館式にあたり、鹿島神社の御遷座の際祝詞《のりと》を読んだ人物でもある。義挙にあたり、あるいは脳裏にこの歌が去来していたかもしれない。この地に来れば、古代から連綿と続くわが国歴史の重要な一こま〳〵が想起されよう。

（二）　瓜連常福寺

常陸二ノ宮静神社から東の方向に約二キロメートル、旧瓜連《うりづら》町の市街地に常福寺《じょうふくじ》はある。寺号は草地山蓮華院常福寺といい、今を去ること約七百年前、延元年間の開基と伝えられる古刹《こさつ》である。寺伝によれば、浄土宗第六世の成阿了実上人が瓜連郷において草地に蓮華の咲いている土地を見付け、瑞祥としてそこに伽藍を創建したことに始まるという。その頃の太田城主佐竹義篤《よしあつ》は寺を祈願寺とし、境内や寺領を寄進したと伝えられる。

ところが嘉慶《かけい》二年（一三八八）、火災に遭い堂塔が残らず焼失してしまったので、第二世了譽聖冏《りょうよしょうげい》上人は境内を寺の北方に移して再建し、旧地を白蓮塚《びゃくれんづか》と呼んで石碑を建てたという。了譽上人は浄土宗の第七祖であって「智行抜群」の大徳《だいとく》といわれ、檀林《だんりん》としての法式や規則を定めたともいわれる。

また常福寺第三世明譽了智上人の代の宝徳四年（一四五二）、後花園天皇の勅願所として綸旨《りんじ》を賜わり、さらに第九世空譽玉泉上人の代の天文十年（一五四一）には、後奈良天皇から宸翰《しんかん》と常福寺の額字を賜わったとある。慶長六年（一六〇一）になると徳川家康は常福寺を檀林所とし、翌七年寺領百石の朱印状を下付したと伝えられ、現在に至るまで名刹としての寺勢を維持している。

常福寺本堂

その常福寺を訪ねたのは、久慈の山々の新緑が美しい五月初めのことである。常陸大宮市小倉の友人宅を訪問する時には久慈川に沿った県道を通る。その途中には万葉歌碑や古墳群、南北朝時代の遺跡など、見るべきものが多い道筋である。この時は常陸太田市小島《おじま》から久慈川にかかる栄橋を渡り、途中にある常福寺に参拝してみようと思い付いた。

橋を渡って瓜連市街に入り、常福寺の重厚な山門をくぐって駐車場に車を停めた。寺域内には幼稚園があるがこの日は休みで、境内は人気もなくしんと静まりかえり、いかにも古刹らしい雰囲気であった。まずは本殿に参拝をし周囲を散策していると、掃除をしているお坊さんが目に付いた。せっかくの機会なので名刺を差し上げて挨拶をし、いろいろ尋ねてみた。するとこの方が現住職の小笠原純生師であり、幼稚園は寺の経営であるという。娘さんの聖華師が子ども達の教育に携わっており、現在筆者が奉職している高校で教鞭を執っていたこともあるという話まで伺った。縁というものは誠に不思議なものである。

義公について調べていることを話しいろいろ尋ねてみると、「寺の宝物について冊子がありますので一部差し上げましょう」といって、奥から『常福寺の宝物』という冊子を持ってきて下さった。十三、四頁もある立派なものである。突然の訪問でしかも仕事中失礼と考え、日をあらためて伺うのでその時教示してくれることをお願いし、この日は寺を辞した。

常福寺の寺域はもと城跡であり、今を去ること六百七十五年前の延元元年（一三三六）、足利高氏が後醍醐天皇に叛するや、楠木正成は常陸南朝方の拠点であったこの城に、一族の楠木正家を代官として派遣したといわれる。正家は都から下ってこの瓜連城を拠点とし、佐竹軍を主力とする足利方の勢力と干戈《かんか》を交えたことで知られている。せっかくの機会なので、城跡を見ようと寺の本堂裏を抜け東側の崖の方に下りてみた。ほぼ南北に土塁や曲輪《くるわ》が築かれ、ところどころに出丸のような突起が残っている。空堀はいま散歩道のようになっているが、かつては将兵が駆け巡った戦場であったろう。そこから下はさらに断崖となっており、一帯は水田である。高低差は約二十メートルほどあろうか。この城を攻めるには相当の兵力が必要であったろうなどと勝手に想像しながら、半周して帰途に就いた。

瓜連城空堀

さて、義公とこの寺のかかわりはいつのことであったろうか。諸記録などから判断すると、最初は天和二年（一六八二）十一月のことである。十四日母久昌院《きゅうしょういん》の命日に稲木《いなぎ》久昌寺に参詣したあと那珂湊に放鷹《ほうよう》に行き、その月の二十六日、厳有院《げんゆういん》公すなわち第四代将軍家綱の廟が常福寺に完成したので、衣冠を整えその参拝に訪れている。家綱が二年前の延宝八年（一六八〇）に亡くなったので、その廟が常福寺に建てられたのであろう。

二度目は元禄二年（一六八九）のことで、十一月中に本譽《ほんよ》上人が向山浄鑑院に住職として入院したのでこれを見届け、その後十二月十七日常福寺を訪れ、寺で「御料理召上り」石塚に向かっている。当時まだ西山荘はなかったので、水戸城あるいは見川の別邸からの「御成」であったろう。

三度目は西山荘に引退してからの元禄八年（一六九五）三月十日のことである。元禄七年（一六九四）三月、将軍綱吉の命によって江戸に出、『大学』の講義をしたりして翌八年正月まで滞在し、西山荘に帰っている。常福寺を訪れたのはそれから間もなくのことである。

『義公全集』中の「水戸義公書簡集」には常福寺願譽《がんよ》上人宛ての書簡が載せられている。

兼而御願之處、今度隱居首尾好相整、可爲御滿足令察候、然共、現住無間御退院老後再會難期候故、昨廿四日貴寺御尋申候得は、其未明草々御出府之由、殘念非筆舌所述候、雖不腆候、當所松菰一籠、書印迄呈庖厨候、恐々頓首

西山隱士
光圀拜

九月廿五日

常福隱居
願譽和尚
猊座下

常福寺「世代」を見ると、ここに出てくる「願譽和尚」は、第二十五世願譽徹道《がんよてつどう》上人である。次の第二十六世は明譽《みょうよ》廓瑩《かくえい》上人であって、「元禄八年正月十日入寂」とある。また「西山隱士」とあるから、この書簡は義公が西山荘に引退した元禄四年（一六九一）以後のものであろう。とすると、書簡にあるように、義公が西山荘から「昨二十四日貴寺御尋申候」日は限られてくる。元禄四年の九月から同六年の九月までのいずれかであろう。諸記録から、元禄六年（一六九三）九月二十四日は「石つか」方面に出御していることがわかるので、その道筋にある常福寺に立ち寄っている可能性が非常に

高いと考えられよう。

というのは、この頃の常福寺住職は二三年で交代しており、二十六世明譽上人が元禄八年に示寂していることから考えると、交代の時期は元禄五年か六年であったろう。ちなみに元禄五年（一六九二）九月二十四日、義公は「水戸に出御」しているので、瓜連に「出御」する可能性は低いと考えられる。

書簡の内容からすると願譽上人はかねてから引退を希望していたのであろう、上人の希望が叶ったので、九月二十四日、義公は挨拶をかね常福寺に上人を訪ねたのである。しかし、上人はすでにこの日二十四日未明、江戸に向け出発したあとであった。残念に思った義公は、西山荘近くで採れた松茸を一籠、願譽上人のもとに送り届けたのである。義公の書簡を読むと、至る所で人に対する細やかな心配りを感ずることが出来るが、この書簡などもまたそうである。

また小笠原住職からいただいた『常福寺の宝物』を読んでみると、その中には、十月八日付江戸小石川にあった伝通院住職に宛てた書簡が見える。内容は次のようである。

唯今者庭前之菊花、色々被懸御意、不浅詠入申候、貴老彌御堅固之由、珍重ニ存候、早々謝辞申入候はんを客來故延引申候、恐惶頓首

十月八日

花押

水戸宰相

傳通院方丈
獅子座下
光国

伝通院は、先に述べた一代の碩学常福寺第二世了譽聖冏上人が小石川に引退し、そこに庵を結んだあとに開山した浄土宗の由緒ある寺である。常福寺からの転任先にもなっていたから、義公江戸在住時代にも何かと交流があったことがわかる。義公が訪れた時、伝通院には菊の花が咲き誇っていた。諸事に追われ、ついついその返礼を出しそびれていたのであろう。義公の手紙にはそのことが述べられている。この頃の伝通院住持が誰であったか気にかかるところだが、この書簡は眞譽上人宛である可能性が高い。

『瓜連常福寺宝物殿収蔵品目録解説』を見ると、眞譽上人は、「知恩院浩譽上人書状」を第二十世清譽上人に寄進したことが記されている。しかもその眞譽上人は、「瓜連一八世から飯沼一六世へ移り、更に伝通院へ移られた」とあるから、書状を寄進した寛文十年（一六七〇）当時、眞譽上人は伝通院住持であったのである。『義公全集』にはさらにもう一通眞譽上人宛の書簡が載せられており、「世代」中に、上人は「天和三年二月二十日入寂」とあるから、ちょうど義公の江戸在住時期と重なる。書簡の宛先は、最晩年の眞譽上人宛としてよいであろう。

さて、常福寺にはさまざまな文化財が収蔵されている。その中には、国指定の重要文化財が二点あるという。一つは、元禄六年（一六九三）に義公が当時の向山浄鑑院《むこうやまじょうがんいん》に奉納したと伝えられる「法然上人画像」であり、柔和なまなざしの特色ある風貌を示しているとされる一幅である。鎌倉時代後期の作という。他の一つは「拾遺古徳伝《しゅういことくでん》」である。小笠原師に尋ねたところ、実物は東京国立博物館に行っているとのこと。また「拾遺古徳伝」というのは、浄土真宗の開祖親鸞《しんらん》上人にまつわる絵巻物で、従来の法然伝にはない親鸞の事績を挿入し、法嗣としての親鸞を宣揚しようとしている点で特色があるといわれる。

そこで『拾遺古徳伝絵』を図書館から借用し読んでみた。それによれば、「拾遺古徳伝絵」は真宗四大絵巻の一つで、本願寺第三世覚如《かくにょ》が正安三年（一三〇一）に草した法然上人の伝記絵巻がもとであるという。当時の真宗門徒であった長井道信という人物が覚如に所望したもので、わずか十七日間で仕上げられたものとも伝える。

「拾遺古徳伝絵」はその後絵巻化されることになり、浄土真宗の教線拡大と共に各地に伝播する。そのうちの一巻が、常福寺に伝えられた「拾遺古徳伝」であるという。またそれは、各地に所蔵される「拾遺古徳伝」の中でも全巻完存するという、特に貴重な存在であるというのである。七十三段にわたる絵は大和絵の手法で描かれ、色彩も温雅で精彩のある優品という評価を得、保存状態も極めて良いといわれる。

常福寺所蔵「拾遺古徳伝」は、もとはといえば、同じ那珂市内米崎《こめざき》にある浄土真宗本願寺派上宮《じょうぐう》寺《じ》に所蔵されていたものといわれる。絵の内容からして、まさしく浄土真宗の寺のものであったろう。しかしいつしか義公の手許に入ったため、これを常福寺に寄進したのであるという。

また那珂市周辺の人々の間で、常福寺といえば「六夜《ろくや》さん」の祭礼で親しまれている。旧暦の九月二十六日と二十七日には各地から善男善女が参籠《さんろう》し、寺の沿道にはさまざまな店が並んだり、人であふれたといわれている。筆者自身はそのような光景は目にしたことはないが、よく祖母や母から聞いた話である。

実は筆者も一度だけ「六夜さん」に行ったことがある。父の生前、たしか平成十二年（二〇〇〇）秋、両親を車に乗せて史跡巡りをしたおり、母が「今日はちょうど六夜さんだよ」というので常福寺に立ち寄ったことがあった。最近はかつての賑《にぎわ》いはないというが、それでも多くの出店があり、全盛期にはさぞ賑やかであったろうと思われた。この時母はある店でざるを一つ買った。ざるはその後も大事に使っているが、使うたびその時の光景と亡くなった父を思い出す。

『常福寺縁起』によれば、「六夜さん」は「二十六夜さん」ともいい、常福寺第二世了誉上人示寂の前日、九月二十六日と関係があるという。上人は聖冏《しょうげい》上人とも呼ばれ、常福寺開祖了実上人に入門して以来学問に出精し、博学才識は衆を超えたといわれる。元中三年（一三八六）、四十六歳の時に常福寺第二世となり、浄土宗の教化に実をあげた。応永二年（一三九五）には佐竹の乱の戦禍を避け、常福寺から約三キロメートルほど北に行ったところにある「直牒洞《じきてつどう》」という岩窟に籠り、多くの著述を成したという。その中でも『日本書紀私鈔並人王百代具名記』は、南朝方長慶天皇の御即位を証明する貴重な史料といわれる。「直牒洞」は、香仙寺《こうせんじ》という同じ浄土宗の寺の境内に現存するが、その香仙寺はといえば、聖冏上人の弟子であった了智《りょうち》上人が先師の徳を偲んで建てた寺である。

香仙寺境内に「直牒洞」を訪ねると、岩に穿《うが》たれた三窟からなる洞の中には仏像も安置され、古色蒼然たる趣がある。洞は保存状態も良く、いまも近隣からの見学者が絶えない。

応永二十二年（一四一五）八月、上人は後事を了智上人に託して小石川に小庵を開き、同二十七年（一四二〇）に八十歳で示寂した。先に述べた義公書簡の伝通院宛とは、この小庵が後世名を改めたものである。了譽上人はのちに称光天皇から禅師号を賜わり、浄土宗中興の祖として崇められているというのである。学問の仏様として、あるいはその法要に合わせ先祖や親族の霊の供養として、上人は六百年後の今日まで近郷近在の人々に崇敬されているのである。

さて、先にも述べたように、常福寺はかつての瓜連城の跡に建てられたものであり、瓜連城は寺が白蓮塚から移される前までは、常陸における南朝方の拠点であった。この城に拠《よ》ったのは、楠木正成の一族楠木正家である。『大日本史』「列伝第九十六」に楠木一族の伝が載せられており、正家については、

正家藏人《くろうど》となり左近衛將監《さこのえのしょうげん》に任ぜられる。延元元年、正成《まさしげ》に代はり兵を將《ひき》ゐて常陸に赴き瓜連の地に城《きず》きて據《よ》りしが、賊兵來り攻めしを、正家逆《むか》へ撃ちて之を破り、賊將佐竹義冬及び後藤

基明を斬りたれば聲勢《せいせい》大に振ひ、入野七郎次郎等來り屬せり。明年《めいねん》、鎭守府將軍源顯家に從ひて西上《さいじょう》す。後正行《まさつら》と倶に高師直《こうのもろなお》を四條畷《しじょうなわて》に拒《ふせ》ぎ克《か》たずして之に死す。

と記されている。

元弘三年（一三三三）、鎌倉幕府が倒れ建武の中興が実現するが、かねてより自ら天下に号令しようという野心があった足利高氏は後醍醐天皇に反旗を翻し、いわゆる南北朝の動乱が始まる。終始《しゅうし》後醍醐天皇を支えたのは楠木正成であったが、延元元年五月、湊川《みなとがわ》の戦いで遂に戦死する。すると今度はその子正行が父に代わって足利方と戦う。正行が桜井の駅で父と別れたのは十一歳。それから郷里に帰り力を養って十年後、父の遺言を守り一族を率いて足利方と戦うのである。

正平二年（一三四七）藤井寺の戦いで細川顕氏《あきうじ》を破り、安倍野《あべの》の合戦では五百騎で山名・細川六千余騎を破ったといわれる。合戦で逃げる敵兵が渡辺橋《わたなべはし》より落ちて流されるのを救い、その上、着るものを与えたり休養させて故郷へ送り返したという話は有名であるが、それはこの安倍野の戦いの時である。救われた足利方の将兵は正行の人柄に感激し、のち正行軍に帰参して四条畷の戦いで戦死した者まで出たという。

この闘いぶりに危機感を持った足利軍は、高師直《こうのもろなお》・師泰《もろやす》を大将とし、二十余か国の大軍を河内《かわち》に派遣した。これを最期の決戦と覚悟した正行は後村上天皇にお別れを申し上げ、如意輪堂《にょいりんどう》の壁板に、返らじとかねて思へば梓弓なき数にいる名をぞ留むるの辞世を書き留めて出陣する。正平三年（一三四八）正月、四条畷《しじょうなわて》の戦いに臨んだ正行は足利の大軍をさんざんに打ち破り師直に迫ったが果たさず、自らも重傷を負い、遂に弟の正時等と自決した。正家が戦死したのもこの戦いでのことであったという。

その楠木正家は常陸でどのような働きをしたのであろうか。吉田一徳博士の『常陸南北朝史研究』によれば、正家は最初筑波山の麓小田《おだ》の城に入り、小田治久《おだはるひさ》の支援のもとに戦略上の要地瓜連に城を築き、佐竹氏に備えようとしたという豊田天功《てんこう》説を採用する。当時の珂北三郡は、西金砂城にあった佐竹貞義《さだよし》一族の勢力下にあり、その子義篤《よしあつ》は武生城《たきゅう》に拠っていたといわれている。当然のことながら楠木軍に対する佐竹勢の反撃が始まることになる。

延元元年（一三三六）一月戦いが始まると、佐竹軍の将後藤基明が戦死したり、佐竹一族の佐竹幸《こう》乙丸《おとまる》が部将入野助房《いりのすけふさ》を瓜連城に派遣して正家に助勢させるなど、予想外の出来事があった。佐竹方は次第に兵力増強をはかり、八月には義篤が武生城から軍を進めたので、二十二日には佐竹義高の軍と小田治久《はるひさ》・広橋経泰《つねやす》の官軍とが、花房山《はなぶさやま》・大方河原《おおかたがわら》周辺で激突したのである。激戦の末佐竹軍は敗れて後退したが、十二月になると再び態勢を整え直し、同月二日武生城を発して瓜連城攻撃にかかる。

同月十日、岩出河原で再び激戦が展開されたが、小田・広橋連合軍は支えきれず、瓜連城は十一日に落城する。城にあって指揮をとった正家は奥州に逃れ、その後は霊山《りょうぜん》城を本拠とする北畠顕家の軍と行動を共にしながら転戦し、『大日本史』の記述にもあるように、正平三年正月、四条畷の戦いで戦死するのである。

那賀城《なか》（那珂西城との説もある）から出陣していた那珂通辰《みちとき》が、長駆《ちょうく》して西金砂城《にしかなさ》を攻めたといわれるのもこの時のことである。しかし戦い利あらずして敗れ、一族三十四人（四十三人ともいう）、遂に現在の正宗寺《しょうしゅうじ》近くの独松峯で自刃したという。自然石が並べられただけの一族の墓を今も地元の人々が供養し大切に守られていることは、前著『水戸光圀の餘香を訪ねて』ですでに述べた通りである。

常陸太田市花房には、地元の人々が陣ヶ峰と呼ぶ小高い丘がある。数年前、古老に聞き取り調査をしたところ、かつて官軍の砦があったという話を聞いた。陣ヶ峰は瓜連城とは久慈川を挟んで指呼の間にある交通の要衝で、近くを久慈川が南北に流れ、その南約二キロメートルに瓜連城が位置する。さらに北から楯状に連なる山並みは、陣ヶ峰を経由して、二キロメートルほど南にある常陸太田市立郡戸《ぐんど》小学校辺りまで続き、佐竹氏の居城西金砂山や武生山から繰り出す軍勢を監視し防御出来る位置にある。楠木軍が押さえていれば、常陸から陸奥にかけての勢力維持に優位を保つことが出来、佐竹軍が取れば、瓜連城を落すことが出来る。両軍にとってまさに軍事的要衝であったろう。

那珂通辰がこの陣ヶ峰に拠っていたという説もあるから、西金砂城を攻めた那珂通辰が敗れて退路を断たれ、現在の常陸太田市正宗寺《しょうじゅうじ》近くまで後退し、一族三十四人とともに自刃したと伝えられていることは、あるいは事実かもしれない。情況から考え、陣ヶ峰と瓜連城との間を足利方の大軍に遮断された通辰一族は、山伝いに東に向け戦場を離脱する以外に、選択肢はなかったものと考えられるであろう。

この戦い以後の常陸は、足利高氏と結んだ佐竹氏が権勢を振い、関ヶ原の戦いで秋田に移封されるまで、その覇権を確かなものとしたことは周知の事実である。しかし、国家の命脈をかけて瓜連城に馳せ参じた楠木方の将兵達はどこのどういう勢力であったのか、必ずしも明らかになっていないように思われる。小田・広橋連合軍が県西方面から遠征して来た時、近くは那賀城からの那珂通辰軍の参加があったとはいうものの、瓜連に堅固な城郭を築き歴戦の佐竹軍に対抗するためには、相当大きな地元勢力の存在がなくては、一年近く持ちこたえることは不可能であったろう。久慈川や那珂川流域の土豪の勢力が南朝方を支えていたものと考えるか、または楠木氏の一族が古くから土着をしていて、相当の力を蓄えていた可能性も考えてみる必要があると思われるが、どうであろうか。瓜連城の跡に佇み久慈川を渡ってくる清風にあたっていると、遙か七百年の昔が現在の出来事のように感じられる。

その後、筆者は常福寺の宝物殿に所蔵されているという『日本書紀私鈔《にほんしょきししょう》並《ならびに》人王百代具名記《じんのうひゃくだいぐみょうき》』などを是非見たいものだと思っていたが、八月下旬その機会が訪れた。住職多忙のため、代わって娘さんの小笠原聖華《せいか》師が立ち会って、宝物館を開けて下さるという。喜び勇んで常福寺に急行した。案内されて宝物館に入り、白手袋を付けて目的の『日本書紀私鈔並人王百代具名記』を探す。そのうち住職も都合をつけて来て下さった。白木の箱に収められた書籍を見付けると、「聖冏禪師眞筆　日本書紀私鈔　三冊」とある。まず一礼して、おもむろに箱を開ける。この箱は寛延年間（一七四八〜五一）、團譽上人の時に保存のために作られたものであることが知られる。

『日本書紀私鈔』は三冊、「人王百代具名記」はその最後尾に記されたものである。その最後の頁には、「長慶寿院法皇」、「寛成」、「于時応永十五年十月朔日了譽三巻私鈔并具名記記之」、「第九十代大上天皇寛成　後村上二子　母閑院」などと見える。長慶天皇は後村上帝の第一子であり、寛成親王と申し上げる。記述には混乱があるが、この記述により、長慶天皇御即位の情報はここ常陸にも伝えられていたことが証せられる。寺を訪れた義公も、おそらく『日本書紀私鈔並人王百代具名記』を閲覧したことであろう。この記述が、のちに長慶天皇御即位の有力な証拠とされるのである。

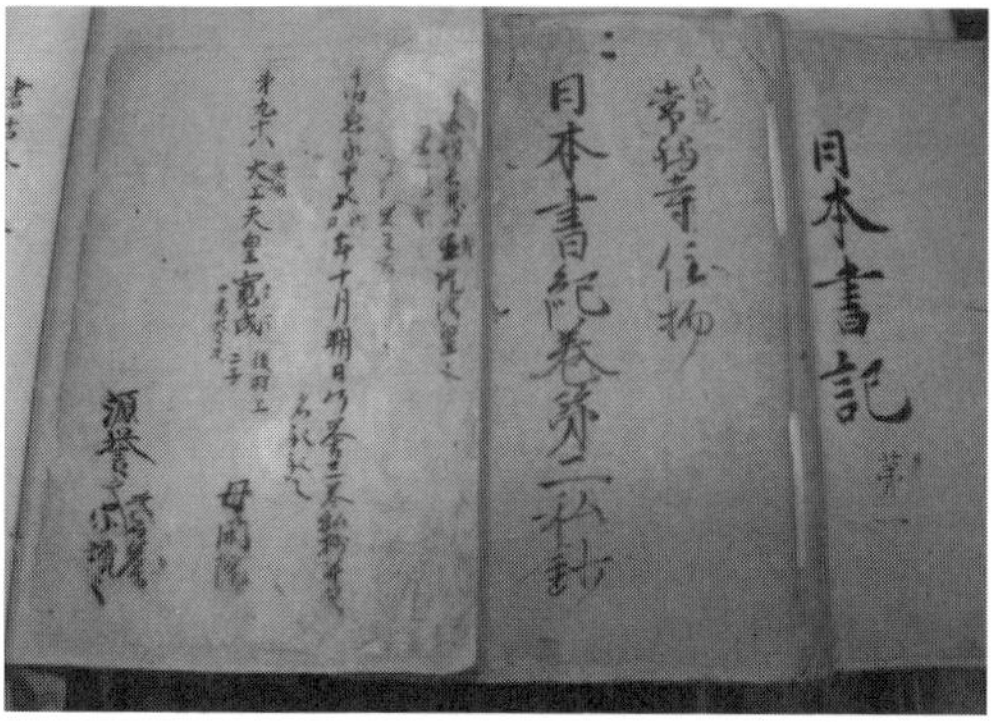

了譽上人「日本書紀巻三私鈔并人王百代具名記」

三冊とも目を通し、聖冏上人の筆跡などを見た。上人は博覧強記であり、『日本書紀私鈔並人王百代具名記』は、筆滑らかに相当な速さで書かれているとの印象を受けた。住職の許しを得てカメラに収める。何としても見たかった史料であったから、見終えるとホッとした。気が付くと、正面の十一面観音が穏やかな眼差しでこちらを見守っておられる。一瞬、法悦に浸った感がしたものである。

こののちしばし小笠原師と懇談したが、師の住職としての御苦労があったからこそ今日の常福寺の繁栄が築かれたことが感じられ、いつになく爽やかな気分で寺を辞した。常福寺の地は、国家の命脈を支えようとした点において、まさにわが国歴史上の要地であること疑いなかろうと思われる。

最後に、諸記録から常福寺関係八百余年の来歴をまとめておこう。

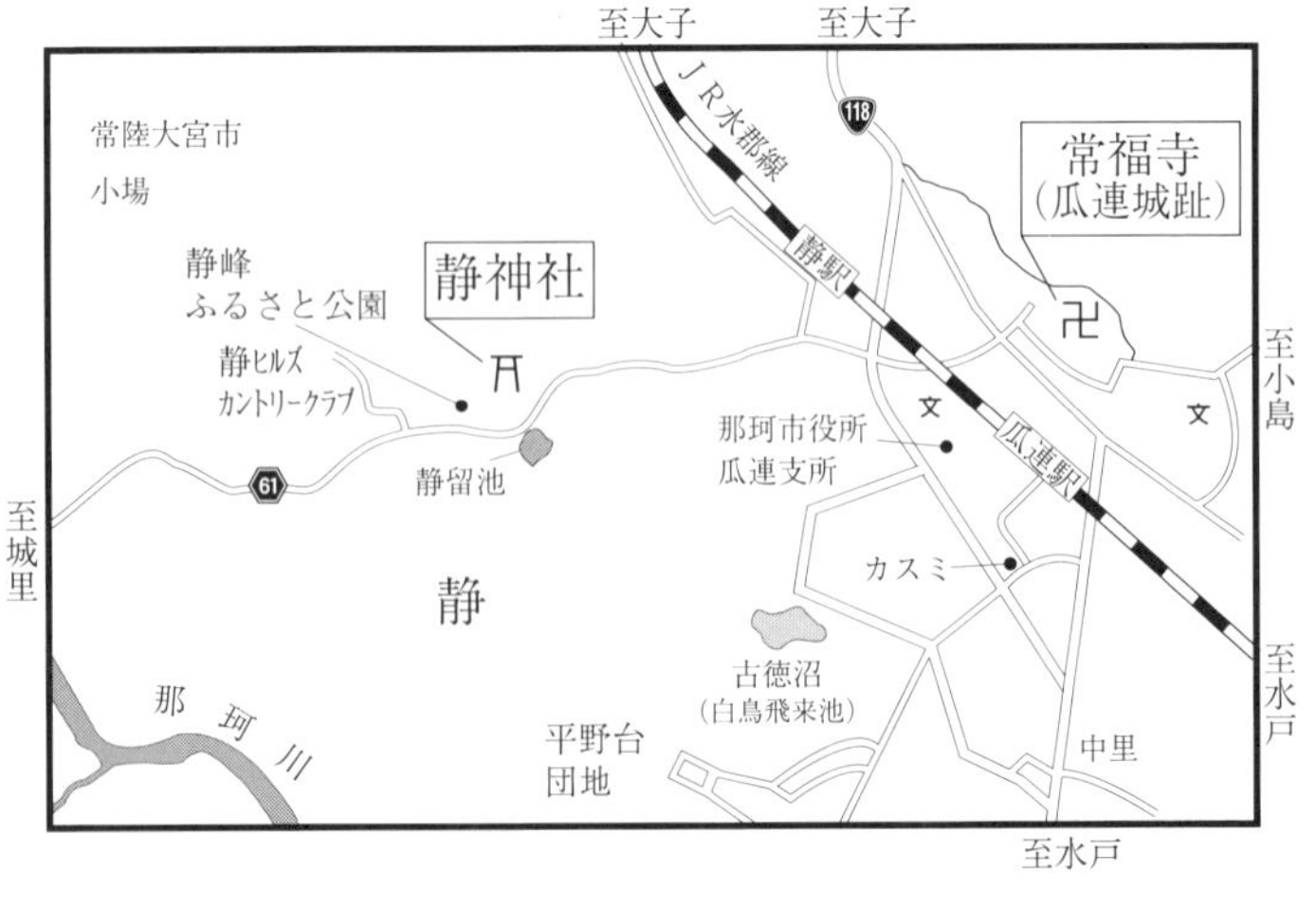

年号（西暦）	関係事項
建久三年（一一九二）	法然上人、『選択本願念仏集』を著す。
建永二年（一二〇七）	法然上人、土佐に流される。
正中元年（一三二四）	正中の変おこる。
元弘元年（一三三一）	元弘の変おこる。後醍醐天皇笠置山に移る。楠木正成挙兵する。
三年（一三三三）	後醍醐天皇、隠岐を脱出する。新田義貞、鎌倉を攻める。鎌倉幕府滅亡する。
建武元年（一三三四）	建武の中興なる。
二年（一三三五）	足利高氏、反旗を翻す。
延元元年（一三三六）	瓜連城の戦いおこる。（花房・大方大河原付近で楠木軍と佐竹軍激突）湊川の戦いで楠木正成戦死する。那珂通辰、一族と共に独松峯で自刃する。後醍醐天皇、吉野に移る。（南北朝分立）楠木正家、瓜連城を脱出し北畠顕家軍に加わるという。このころ了実上人常福寺を開山する。
延元四年（一三三九）	後醍醐天皇、崩御する。北畠親房の『神皇正統記』常陸小田城で成る。
正平三年（一三四八）	四条畷の戦いで楠木正行・正家戦死する。
元中五年（一三八八）	常福寺第二世了譽聖冏上人、寺を瓜連城址に移転するという。
宝徳四年（一四五二）	後花園天皇より「勅願所」の綸旨を賜わる。
天文十二年（一五四三）	後奈良天皇より宸筆寺号「常福寺」の勅額を賜わる。
慶長七年（一六〇二）	徳川家康、朱印地一〇〇石を寄進する。
慶安二年（一六四九）	徳川頼房、伽藍改築する。

寛文年間（一六六一～七二）	徳川光圀、「拾遺古徳伝」を寄贈する。
延宝四年（一六七六）	徳川光圀の奏により常紫衣の綸旨を賜わる。
元禄十三年（一七〇〇）	徳川光圀薨去する。
明治四十年（一九〇七）	落雷のため本堂を焼失する。開山堂を仮本堂とする。
昭和三十三年（一九五八）	花火の不発により本堂・庫裏焼ける。
四十年（一九六五）	本堂・庫裏再建成る。
四十九年（一九七四）	宝物殿完成する。
六十三年（一九八八）	二十六夜尊堂建立される。
平成五年（一九九三）	蓮華院落慶する。
七年（一九九五）	新本堂落慶する。
十一年（一九九九）	客殿・庫裏落慶する。
十八年（二〇〇六）	楼門・鐘楼改築成る。

小美玉市

（一）小川淨堅寺

小美玉市小川（旧小川町小川）の地は古くから交通の要衝である。江戸期になると、那珂湊に入った仙台方面からの舟は湊から涸沼川、涸沼川から涸沼へと遡り、海老沢あるいは宮ヶ崎・網掛《あみかけ》などに荷揚《にあ》げした。そこで海老沢には河岸《かし》が発達し、陸送によって小川・玉造方面へ、あるいは下吉影《しもよしかげ》・下富田方面へと分けられた。下吉影・下富田方面へと陸送された荷物はさらに巴川《ともえがわ》の水運により北浦を航行し、潮来まで運ばれる。それぞれの経路で運ばれた荷物は霞ヶ浦から利根川上流へと遡り、関宿《せきやど》あたりから江戸川を下って各藩の蔵屋敷に到着したのであろう。

井坂教氏著『小川町のあゆみ』によると、正保年間（一六四四〜四七）から、小川の地は奥羽地方と江戸を結ぶ交通の要衝として開けたという。水戸藩は延宝七年（一六七九）ここに運漕庁を設け、船の出入や荷の積み卸しなどを監視した。藩の御用河岸には十三隻もの持船が浮び、丸に水の一字を染め抜いた旗を掲げて御用米を運んだといわれている。その中には六百石、千五百俵積みの船も所有していたらしい。

また『茨城町史』によれば、さきごろ発見されたある史料の中だけでも享和元年（一八〇一）に海老沢を通過した会津藩米・白河藩米などの合計は二万六千俵を数えたというから、実際はそれ以上あったと思われ、当時の海老沢河岸の繁栄が偲ばれよう。このため、水戸藩は海老沢に「津役所」を設けて各藩の輸送船の監視をし、小川には「運送方役所」をおいて、郡奉行支配下の運送奉行が藩船などの出入を監督したとある。

諸記録を見ると、義公も小川に「御成」になるときはしばしばこの道筋を通っている。初見は寛文三年（一六六三）十一月、江戸参府の時のことであろう。十六日水戸城を発した義公は鳥羽田《とっぱた》・夜澤《よざわ》あたりで狩りをしながら小川に行き、そこから江戸に上っている。義公が藩主に就任してから二年目、三十六歳の青年藩主の時であった。

この頃の義公は、鳥羽田や夜澤に近い紅葉《もみじ》辺りで盛んに狩りをしていることが諸記録からわかる。寛文七年（一六六七）の狩りでは白猪《はくと》五頭を捕え、那珂郡に放したことが見える。翌八年にもやはり白猪を捕え、那珂郡野上《のがみ》辺りに放したとあるから、単なる狩りではないことが窺えよう。この頃から五十歳の頃にかけ、田畑を荒らす猪などを各地で獲っているが、それはまた「治に居て乱を忘れず」という、武士としての鍛錬を示す仕業でもあったと思われる。

さて、延宝二年（一六七四）四月二十二日、義公は水戸から小川、玉造、潮来を経て陸路房総半島

を縦断し鎌倉に向かう。この時は小川に宿泊している。公の『甲寅紀行』には、

四月二十二日風雨ス、巳ノ刻ハカリニ水戸城ヨリ首途ス、幕下ノ諸士皆送リ來タリ、長岡ニ到テ各辭シ去ル、哺時小川ノ館ニ到ル、四弟一姪此ノ地ニ祖道ス、終霄宴飮シテ、黎明ニ黯然トシテ別レ去リヌ

とある。この時は陸路で、茨城町長岡の宿まで大勢が義公の見送りに出た。そのうち弟や姪五人は小川まで同行し、その夜は小川御殿で餞《はなむけ》の宴を張ったのであろう。五人は明け方に別れを惜しみながら水戸へ帰った。

翌日、義公は玉造から築地妙光寺を経て潮来まで進んでいる。玉造で弥作という孝子を表彰したのはこの時のことである。この後二十六日には成田山新勝寺《しんしょうじ》に参詣、房総各地を廻りながら五月二日上《かず》総湊《さみなと》から船で渡り、鎌倉英勝寺《えいしょうじ》に入った。

元禄二年（一六八九）六月二十七日、義公は江戸から利根川を下り、潮来、玉造を経て帰国を果している。藩主としては最後の、九回目と思われる帰国である。この時は、二十九日潮来の「宮本平太夫所」に宿泊し、七月一日、玉造の大場惣助屋敷の御殿に休息してから紅葉の御殿に泊まる。水戸に入るのは七月二日のことであった。途中小川に立ち寄ったかどうかは明らかではない。

義公の引退は翌元禄三年（一六九〇）十月であった。同四年（一六九一）五月九日に西山荘に入った時の顚末はすでに述べてきたが、その年十一月になると那珂湊から潮来に行き、玉造周辺を巡遊して

いることが窺える。当然小川まで足を延ばした可能性があるが明確には出来ない。

小川周辺を訪れた記録がはっきりしているのは、元禄九年（一六九六）二月の「出御」からであろう。二月九日に那珂湊を出た義公一行は、涸沼川、涸沼を航行して海老沢に上陸する。海老沢では「左善」宅に宿泊したあと、陸路小川まで行き、「藤左衛門宅」に二泊していると思われる。つねに義公の許にあり、その命を受けて周旋することが多かった日乗上人の日記には、次のようにある。

今日ハゑびさはへ被為成也。申ノ比ゑびさはへ御着、左善といふ者御馳走申けれバ、日たけて今日ハ小川迄と被仰けれど人々すゝまず、日暮寒風つよくふきけれバ、今日ハこゝに御とうりう也、夜に入テ雪雨ふりし。旅宿の春雪といふ御題いづる。人々あんじけれど、物まぎれて御歌もなかりし也。

午後三時ごろ海老沢に着き小川まで行こうとしたが、日暮れになると風が強かったので海老沢に宿泊することになったのである。夜に入ると雪雑りの雨が降ってきたので、義公から供の人達に「旅宿の春雪」と題する歌を作るようご下命があった。しかし何かと取り紛れたのであろう、歌を詠むことができなかったとある。日乗上人たち僧侶は「久兵衛」宅に宿が割り当てられたようである。翌十日になると次のように記す。

つとめて御殿にいづる。巳刻過るに出御。今日ハ小川迄の御なりのよし。公は御すぐ道にて被為成。予並僧衆ハ鳥羽田の小栗の旧跡見て参れと仰られければ、鳥羽田へゆく。竜眼寺といふ寺也。本尊ハ平貞時建立とぞ。彌陀ノ三尊御たけ六尺斗ありし。

午前九時すぎに出立した義公は直接小川まで行ったが、日乗ら僧侶には鳥羽田竜眼寺に行き、小栗《おぐり》判官《ほうがん》と照手姫《てるてひめ》の遺跡を見てくるように指示があった。本尊の阿弥陀三尊は平貞時の建立で、その脇に影法師姿の小栗判官と尼僧姿の照手姫の像があったことを記し、小川に着いたのは午後三時すぎであった。小川での「御殿」は藤左衛門宅が割り当てられ、日乗上人たちの宿は久左衛門宅が充てられた。

翌十一日になると日乗は体調が悪く、「御殿」には出ずに休息している。義公一行は山深く入って猪などを撃ち、お付きの女房たちは近くの園部川であったろうか、川に出て「あみおろし」をしている。しかし、日乗上人にとって体調が悪いのは「殺生」をしないで済むので幸いなことでもあった。「予ハこゝちあしかりける。僧の殺生の所へまからざりしも、病でいたらざりしは物ごととくしつありける」とこの日の日記に記している。

二月十二日は午前八時ごろ小川を発ち、霞ヶ浦を舟で渡り対岸の井関に上陸した。そこから山伝いに宍倉《ししくら》、安食《あんじき》と歩き、安食からまた舟で玉造まで渡ってそこに宿をとっている。宿はおそらく大場家内の「御殿」であったろう。この後義公は潮来まで行き、潮来周辺を巡遊してから塔が崎に廻り、湊を経て西山荘に「帰御」するのは二月二十三日である。

またこの年は、十二月八日に宍倉の杲泰寺に行って朴巌和尚に見《まみ》え、十日は玉造に渡り、十七日に西山荘に帰っていることはわかっているが、道筋ははっきりしない。しかし、順路はほぼ決まっているから、おそらく海老沢や小川にも立ち寄っているものと思われる。

翌元禄十年（一六九七）の小川方面への巡遊は、十一月下旬のことである。十九日に水戸城下の善左衛門河岸から那珂川を下り、湊を経て、十一月二十八日海老沢河岸の「左吉所」に宿泊する。小川着は翌二十九日。この時は「茂左衛門所」に入ったようであるから小川に宿泊したのかもしれない。玉造へは十二月六日、湊に戻るのは十二月九日のことである。

この年の巡遊を考えると、義公は藩主に就任してから水運を重視していたことが窺える。『加藤寛斎随筆』を見ると、「細谷村善左衛門那珂之河岸と号事」として次のように記す。

善左衛門ハ太田在幡村之産なり、右村より出て赤沼町に店を構、旅籠屋を渡世とす、御引立以来河《か》岸守《しもり》と成る、那珂川は善左衛門より以来開け、通船となる、此河の開闢せしハ善左衛門の大功なるを以、善左衛門河岸を那珂の河岸と唱といふ、

同人屋敷江御成御殿を建、義公様厚く御世話被為在、（以下略）

もともとあった河岸が元和元年（一六一五）の火災で焼失したので、義公がこれを再建、善左衛門らはその河岸の経営に応じた。そのうえ久慈川や那珂川の水路を整備して通船に功績があったので、善左衛門は河岸守を仰せ付かったのである。善左衛門は屋敷内に御成御殿を建てた。水戸から小川方面巡遊に出る時、義公はこの御殿を利用したのであろう。

海老沢河岸は涸沼南岸に位置し、ここから水戸藩米同様、東北諸藩などの藩米が陸路霞ヶ浦方面に運ばれていった。先に述べたように、藩はここに「津役所」を置き各藩の荷物を監督する。その役所が置かれたのが「左吉所」であったろう。『茨城町史』には次のように記されている。

海老沢河岸の問屋左吉親、清三郎（川崎姓）の寛政元年（一七八九）の記録によれば、先祖の縫殿助が正保二年（一六四五）頃から自費で着工し、翌三年九月までに河岸場・居屋敷・家・蔵が完成して、同年一〇月から問屋を開業したもので、同河岸の問屋の先祖はこの川崎縫殿助と一毛物兵衛であったという。

ここに出てくる川崎家は江戸初期から河岸の経営に従事し、後に銀行業など幅広く展開して川崎財閥のもとを築いていくから、地域経済の発展過程を見る上で重要である。

次の小川では「茂左右衛門所」に入り休息したかあるいは宿泊したのであったろうが、この家がどのような役割を果たしていたのかは明らかではない。しかし小川には運送方役所が置かれ、海老沢から小川までルートの荷物の移動を押さえていたことは明らかである。義公の巡遊は水上交通の要所を廻っていると思われるので、藩経済振興の観点から、東北と江戸を結ぶ流通経路の確保に苦心をしていたのではなかろうか。

元禄十一年（一六九八）は六月に前年とほぼ同じルートで巡遊をしている。六月二十四日に善左衛門河岸から海老沢に向かうが、この時は強風で一旦湊に引き返す。翌二十五日に湊から海老沢に行き、

「物兵衛所」に寄り小川を経て玉造に至っている。玉造からは潮来に足を延ばした。

元禄十二年（一六九九）は一月と十二月の二度小川に遊んでいる。特に一月から二月にかけての巡遊は一ヶ月にも及ぶ長期のもので、七十二歳の時の義公の気力が感じられる。この時は一月十七日水戸を出て小幡に寄り、紅葉を経て二十日小川に至る。小川には五日ほど滞在する。当時の小川には浄堅寺という寺があった。二十二日、義公はこの寺を訪れる。『常山文集』「巻之十四」にはこの時詠んだ七言詩が載せられている。

孟春念二日小川淨堅寺を訪ふ。
翊日《よくじつ》風嘯長老詩を賦し申謝す。卽席韻を次ぐ。

偶尋山寺叩禪儀　　偶々山寺を尋ね禪儀を叩く
老大誰鞭竹馬時　　老大誰か鞭うつ竹馬の時
三尺牧童吹鐵笛　　三尺の牧童鐵笛《てってき》を吹く
落梅恁㞮出横枝　　落梅恁㞮《いんも》横枝出ず

浄堅寺のこの時の住持は「風嘯長老」であったろうか、義公の訪問に対し漢詩を寄せたのであろう。それに対して答えたのが右の七言詩である。禅寺を訪れた時の義公の詩は難解である。ときに禅談に及び、奥義などについても話が及んだのであったろう。『常山文集拾遺』にもこの時詠んだと思われる七言詩が載せられている。

正月二十二日。小川淨堅寺に遊ぶ。

各探至日陽初復豐年瑞遽臻十字爲韻。得遽字

慧可倚門立至曙　慧可《えか》門に倚《よ》り立ちて曙に至る
遠覽德輝白鳳翥　遠覽德輝白鳳翥《あが》る
法風拈花雙林中　法風拈花《ねんげ》雙林の中
銀杯皓帶逐傳遽　銀杯皓帶傳遽《こうたいでんきょ》を逐《お》ふ

禅宗の開祖は達磨大師である。その達磨大師に入門を乞うが許されず、自ら左臂を切断し求道の誠を示して許されたのが慧可であった。有名な「慧可断臂」の故事である。また釈迦が法を説くために蓮の華を差し出した時、迦葉は弟子の中でただひとりにっこり微笑んだという。これを「拈華《ねんげ》微笑《みしょう》」といい、教えの本質は以心伝心によって伝えられるものであるということを表わす言葉である。この二首の詩は解釈が難しいが、意味するところは、淨堅寺から見下ろす小川の街は水運による往来が盛んで、市中も役所も雑踏の中にある。しかし街を睥睨《へいげい》するこの寺での日々の勤行は、悟りの境地に至るべく淡々と行なわれている、ということであろうか。

禅寺における義公の七言詩にはこれら修行の本旨が詠み込まれており、仏教についての造詣《ぞうけい》がかなり深いことが感じられる。義公との問答は修行者といえども緊張したのではないかと想像したりする。

「至日陽初復豐年瑞遽臻」の十字のうち遽字を選んで韻としたとあるから、後の七言詩は淨堅寺で行

なわれた詩会の時のものであったろう。

二十五日小川を発った義公一行は次の目的地玉造に行き、大場家御殿に三泊してから潮来を訪れている。この年十二月にも小川に「出御」した形跡があるが、詳しくはわかっていない。

元禄十三年（一七〇〇）は前年と同じ一月十七日に「湊御殿」を出て海老沢に向かった。「湊御殿」とは現在の湊公園に建っていた夤賓閣《いんぴんかく》のことであろう。平成二十三年（二〇一一）一月から三月まで、茨城県立歴史館において「頼重と光圀」と題して特別展が開催された時、夤賓閣の平面図を初めて見た。館《やかた》と水主町《かこまち》が廊下で結ばれていたことが絵から推測された。夤賓閣は見晴らしの良い高台上に位置するから、このことは何か特別の目的があったらしいことが窺われる。

この時の義公一行は海老沢から巴川を舟で下り、現在の鉾田市塔が崎を抜けて潮来に行く。しばらく潮来周辺を巡遊したのち二月三日玉造に行き、五日には孝子弥作を表彰した浜村の東福寺に足を延ばしている。弥作の暮らしぶりがその後どうなっているか確かめたかったのであろうか。

二月七日には玉造から小川に向かうが、小川に宿泊はせず海老沢を通って木下まで行き、木下で一泊したのち那珂川を遡上し青柳に上陸したものと思われる。小川に「出御」した最後の時である。

その小川の調査を思い立ったのは平成二十三年正月のことである。小川の町は、かすみがうら市宍倉や潮来市方面に行く時に通過しているが、詳しいことはわからなかった。平成二十三年一月のある日、小川城趾を目指した。近くには図書館や浄堅寺の跡があるという。しかし実際訪れてみると地形は複雑で道路が狭い。古くからの町並みの中、車を停めながら探すのは容易なことではない。

そこで、小美玉市役所小川支所に行き案内係に小川城跡や浄堅寺について聞いた。係の方は簡単な案内図を示しながら親切に教えてくれた。古い町並みの中、地図に従って小川城趾に着いた。上ってみればかなりの高台で、いかにも古城跡という趣である。そこには欅《けやき》の大木などが生い立ち、立派な蘇鷲《そが》神社があって人目を引く。隣には小川小学校があり、南崖からは小川の町並みが見渡せる。神社に参拝し案内板を見ると、創建は享禄三年（一五三〇）とあり、御祭神は建速須佐男命である。

その蘇鷲神社の北隣には小川図書館があり、二階は資料館になっている。資料館を訪ねてみると、小川河岸の模型やさまざまな史料が展示されていた。史料の多くはこの地から出た有名な医者本間家の医学書である。この地にあった運漕奉行が上戸村（現潮来市牛堀）に移されたので、本間玄琢《げんたく》は藩に願い出、医学講習の学校としたという。第六代藩主文公治保《はるもり》はこれを「稽医館《けいいかん》」と名付けた。これ以後、稽医館は各地から医学に志す若者が集まるところとなり、藩の医学振興に大きな足跡を残すのである。

また水運関係の史料もかなり残されており、藩御用の舟が掲げたと思われる丸に水と染め抜いた旗や、船の出入を記録した文書類なども目にすることが出来る。この他、烈公筆の神号名の書、あるいは各地から出土した土器類なども展示されている。係の方は旧玉里村にある史料館にも沢山あるというので、浄堅寺跡に寄ってから玉里に向かうことにした。

図書館から西に細い道を下り、上宿町の通りを横切って少し行くと公民館がある。その公民館の駐車場からさらに坂を上がった所にあるのが、かつて義公が訪れ漢詩のやりとりをした浄堅寺の跡である。訪れてみると今は広大な墓地となっており、義公当時と比べ景観はかなり変っていると思われた。もっとも第三代粛公綱條の時、浄堅寺は寺号をあらため天聖寺となる。水戸祇園寺の第三世蘭山道昶和尚はその学識を義公に認められ、彰考館に招聘された人物であった。蘭山和尚は義公から還俗《げんぞく》をすすめられたというが聞かず、僧侶のままで仕えたという逸話を持つ。その蘭山和尚が宝永四年（一七〇七）天徳寺を大寂和尚に譲り、ここ小川の天聖寺の開基になったというのである。その蘭山和尚以来十五人の歴代住持がこの地に眠る。

墓地の南西の外れに位置する歴代住持の墓を訪れてみると、蘭山和尚のそれはひときわ大きい。『小川町史』によれば、蘭山和尚塔碑文中には「塔高一丈五尺」「師の著す所、具戊釈名十五巻、和三籟集三巻、和山居詩和祇陀偈各二巻、□(欠字)川集五巻並びに行子世語録若干巻」などとあるという。碑高は四メートルを超える巨大なもので、断然他を圧倒している。その歴代住持の墓の東隣を見ると、なんとそれは本間家歴代の墓であった。

その中に縦長の碑があり、よく見ると俳聖といわれる芭蕉の句碑である。貞享四年（一六八七）八月、曽良と宗波をともなった芭蕉は「鹿島の山の月見む」と鹿島を訪れた。この時の紀行文は『鹿島《かしま》詣《もうで》』としてまとめられ、特に親交のあった仏頂和尚のいる根本寺で詠んだ、「月はやし梢は雨を持ながら」の句がよく知られている。
『芭蕉紀行文集』を見ると、

蘭山和尚墓

自準《じじゅん》に宿ス
塒《ねぐら》せよわら干す宿の村すゞめ　主人
あきをこめたるくねの指杉　客
月見んと汐引きのぼる舟とめて　ソラ

とあるが、一説に、この句が俳諧を好み芭蕉と親交があったという本間家の始祖道悦《どうえつ》のところで詠んだとされているのである。芭蕉は鹿島からの帰路潮来にいた道悦を訪ねたとされ、それをもとに本間家五代の玄琢は天聖寺跡にこの句碑を建てた。その裏面には玄琢の依頼を受け、かの名医原南陽《はらなんよう》が建碑の由来を書いている。

「自準」というのは道悦の号で、「主人」は道悦、「客」は芭蕉のことであるという。ただし本間家のこの句碑には「主人」は「松江」、「客」は「桃青」とその雅号が刻まれている。また、芭蕉は道悦に入門して医学を学んだとされ、

天妃尊収蔵庫

本間家には芭蕉の起請文があったともいう。しかし一方で、鹿島詣の道順からすると右の句は行徳（現千葉県市川市）あたりで詠んだとする有力な説もあるから、今後の研究が待たれよう。

さらに寺域を見ると寺の入り口は階段になっており、上って左側に小さなコンクリートの小屋がある。案内板があって、水戸天徳寺の心越禅師がもたらした天妃尊は模造の像が三体あり、磯原、那珂湊とここ小川にそれぞれ分祀されたとある。天妃尊はもともとシナにおいて海上安全を守る神であったから、義公は船の安全航行を願い藩内水上交通の要地に祭らせたのであろう。この時は鉄製の扉に鍵がかかっており、中を見ることが出来なかったのは残念であった。

昼食の時間を過ぎていたので街に下り、スーパーの駐車場に車を止めて妻が持たせてくれた弁当を食べた。小川といえば、十数年前不慮の事故で亡くなった古い友人がいる。JR石岡駅から今は廃線となった鹿島鉄道に乗り、ここ小川まで遊びに来たものである。友人の実家は下馬場というところにあり、車だとここから四五分の所である。ご母堂が健在でたしか筆者の母と同年、今年米寿のはずであった。一年ぶりに挨拶を兼ねお参りに行くことにした。行けば家人がおり別棟に住むご母堂を呼んでくれた。耳が遠くなり不自由な生活をしているというが、まだ矍鑠《かくしゃく》としておられる。仏壇に焼香してしばらく故人の思い出話などしたあと、玉里史料館への道筋を聞いて辞した。

下馬場から玉里の市史料館がある生涯学習センターコスモスに向かう。今回は霞ヶ浦に沿った県道一九四号線を行くことにした。霞ヶ浦に張り出した地形に沿って時計回りに行く。すると筑波山が湖上に忽然と姿を現わす。のどかな水辺の村の風景を眺めながら行くと、心が洗われるような清々しい気分になる。十数分走ると右手に「生涯学習センターコスモス」の表示が見える。それを右に折れると、そこに玉里史料館はあった。

受付に行き名刺を差し出すと、展示責任者の本多信之氏が応対に出てこられ、展示物を案内しながらいろいろ説明して下さった。氏は主として埋蔵文化財の調査にかかわっておられるという。玉里は常陸国府に近く、古くから繁栄した地域である。近くには大宮神社や百メートル級の巨大古墳である舟塚山古墳や愛宕山古墳、いかにも古びた高浜神社など、古代の中心地としての史跡が数多くある。展示品には近くから発掘された円筒埴輪や形象埴輪、各種の土器、鉄剣類などが所狭しと並んでいる。

一方近世の展示には、筆者が注目した丸に水を染め抜いた水戸藩の船印があった。許可を得てこれをカメラに収めた。この他、霞ヶ浦の津がすべて描かれている絵図もあった。本多氏は「この図は貴

水戸藩船印（玉里史料館）

重なもので霞ヶ浦の津を描いたものはこれしかないと思います」といわれる。筆者も、図は霞ヶ浦の水運、漁業などを研究する上で非常に重要なものであると見た。さらに、水戸藩主の位牌が安置されている近くの寺の写真も展示されている。今までよく知らなかったが、玉里の地と水戸藩との強い結び付きを物語っているように思われた。

一通り展示を案内された後、氏から玉里古文書調査研究会の勉強会がここで開かれていることを教えられ、『水戸藩玉里《たまり》御留川《おとめがわ》』という資料集を紹介された。見ると義公関連の史料も載せられている。一冊購入し礼をいって辞した。今回の訪問は普段知り得ないことを多く学んだ点において貴重な経験であり、同時に現地に行って調べることの大切さをあらためて実感した。

家に帰ってから、『水戸藩玉里御留川』を読んでみた。「御留川」とあるがそのような名の川があるわけではなく、小さな川が無数に流れ込んでいる霞ヶ浦のある水面を指すようである。具体的には当時の下玉里村から霞ヶ浦を渡った安食村・柏崎村を結ぶ内面を「御留川」と称したらしい。

この水面は鯉や鮒などがよく獲《と》れたので入漁料は藩財政の一助となり、また江戸方面に出荷され名産になっていたという。藩より御川守に任ぜられたのは下玉里の鈴木家で、しばしば鯉を献上していることが知られる。義公に関する史料には次のようにある。

　源義公様御在国為御礼儀と於湊御殿鯉弐本奉献上候。右為御褒美大帆立貝之御盃奉拝領候

この史料は元禄十一年十一月、公が湊御殿に滞在していた時のこととある。代々御川守を務めている鈴木源太左衛門という人物が湊御殿に滞在している義公に鯉を献上し、そのご褒美として大帆立貝の盃を「拝領」したというのである。この年の義公の動きを調べてみると、久昌寺での法事を済ませてから十一月二十四日水戸に出、二十六日に湊に「御成」となり、十二月二十日に水戸に戻ったあと二十二日西山荘に「帰御」している。したがって、鈴木家からの鯉が湊に届いたのは十一月二十六日以後であったろう。

玉里の鯉については、『西山遺事俚老雑話』に「玉里鯉御取寄せ之節之事」として次のような記事もある。

　西山之御泉水へ御放し被レ遊候に、玉里鯉御取寄せあそハせしか、生け巣へ入れ、荷ひ送り來りし故、御放し被レ成否間もなく皆おちたりし由。

　公仰られしにハ、是ハ遠くの處を、生け巣の中ちにてゆられ〳〵て來りしゆへなり。此後ハ、口の内へ挽茶を詰め、籠へ入れ、動かさる様結ひ〆、取寄すへしとの御差圖有らせられし故、其

ことくして持送り、御池へ放しけれハ、一本たもおちす、勢ひ能かりとい、傳へたる趣、予小里組御代官方の手代たりし時、小野村の里老いへるを聞覚ゆ。

夫より後、南組に轉し、玉里郷御所務の事を預りし節、玉里御網場へ取(立カ)寄見ぬるに、府中・土浦筋其外遠方駄送する鯉鮒荷作るを見たりけるに、銘々口の中へ茶の生マ葉含ませ、籠に入、結ひしめて附け出すを見たり。恐れなから

公何に寄らせられ、如レ此事をしろしめしたるにや、誠に御宏才、何共い、奉るへき詞もなし。

玉里の鯉はこの地の名産として江戸方面にまで聞こえたのであったが、当初、生きた鯉の輸送方法は確実なものではなかった。ある時、西山荘に送られてきた鯉は生簀《いけす》に酔ったので、着いた時にはかなり弱っており、池の中に入れると直ぐ死んでしまった。そこで義公は、鯉の口に茶の葉を詰め動かないように縛って送るようにと指示した。この方法で送られた鯉は、池に放してもすべて元気であったという。このことは百年余りのち、『西山遺事俚老雑話』の筆者高倉胤明が玉里で確かめたことであり、公の幅広い知識に驚いているのがこの記事の主旨であろう。

この稿は初め、小川浄堅寺での義公の動向を中心に調べようとしたのであったが、はからずも涸沼から小川に至る水運の果たした役割や、小川周辺での民政安定に努力を傾ける公の知られざる一面を知ることとなった。司馬遷の『史記』には、夏を建てた禹の事績を述べたところがある。

乃ち身を労し思を焦し、外に居ること十三年、家門を過ぐれども、敢て入らず、衣食を薄くし

て、孝を鬼神に致し、宮室を卑しくして、費《ひ》を溝洫《こうきょく》に致し（中略）益をして后稷《こうしょく》に命じて衆庶《しゅうしょ》に得難きの食を予《あた》へしめ、食少なきときは餘り有るを調べて相給し、以て諸侯に均しうす。

禹は治水のため席の温まる暇もなく働き休息しようともしなかった。また自分の衣食などは極めて質素であり、土地にあった作物を研究して耕作させたり物流を調整して偏りがないように計らい、遂に万民の仰ぐところとなったというのである。『史記』「伯夷伝」を読んで感奮したといわれる義公は、同時に禹の事績にも感ずるところがあったのではないかと筆者には思われる。小川周辺の義公の事績を調べていて筆者が思い浮かべたのはこのことであった。藩内各地を巡遊しながら領民の実情を十分調査し、藩民のために良いと思うことは直ちに実行に移したのが義公である。また公は自らを語ることはほとん

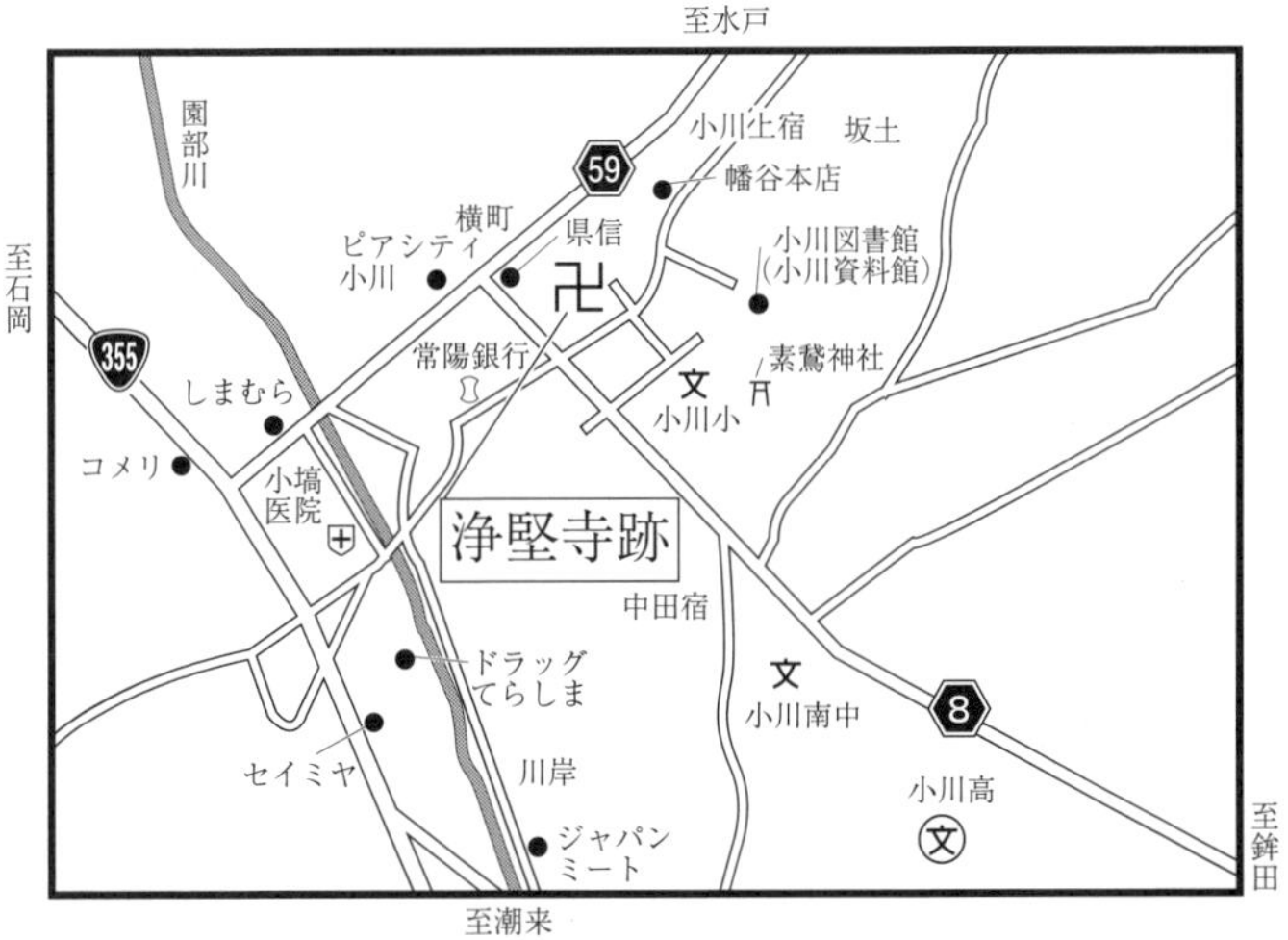

どなかったという。しかし小川において、公の藩民への思いやりと改革者としての卓越した一面を垣間見た気がした。

（二）　玉造大場家

玉造にある大場家修復の記事が地元茨城新聞に載ったのは、平成二十一年（二〇〇九）のことである。現当主大場正二氏が相当傷んだ家屋を復旧させようと私財をなげうち、遂に完成させたという記事であった。これを読んだ筆者は急遽大場家を訪れる。那珂市の自宅を出て国道六号線を南下し、途中茨城町長岡から海老沢、城之内、芹沢を経て玉造に着いた。来訪の目的を告げ受付の方に名刺を渡すと、ちょうど大場夫人が居合わせたらしく、直ぐに取り次いでくれた。義公の足跡を訪ねていることなどを話すと、夫人は「それならばどうぞ」と言いながら復興なった座敷に案内して下さり、お茶までご馳走になった。

当時は『桜田門外ノ変』の映画が計画されている最中であり、その一場面にこの住宅を撮影場所として使いたいという話がでているという話であった。「多分この場所が撮影に使われると思いますよ」と大場夫人。住宅は柱から天井板にいたるまで黒光りのする旧家のたたずまいで、記憶の中の我が家を思い出させるに十分であった。住宅の中心にある大きな畳敷きの部屋で茶を頂きながら復興に至るまでの苦労話などを聞いていると、その場自体が江戸時代のことであるかのような錯覚にとらわれる。

「こちらの部屋が藩主の泊まられた建物といわれています」と言って夫人は奥の部屋も見せて下さった。八畳二間続きの部屋である。部屋の仕様は、額田鈴木家書院や大方堀江家書院などと同じものと見た。欄間には流水紋と花をあしらった透かしが彫り込まれている。流水紋は霞ヶ浦の水のイメージであろうか。その下には大きな火頭窓がしつらえてあり、ひときわ異彩を放つ。各地の御殿同様、いかにも質素な造りであることは一見して明らかであった。住宅には水戸藩の役人が常駐していたともいわれ、「お白洲」といわれた裁判を行なった部屋もある。大場家住宅には藩行政末端の施設も備えられていたのである。

雪の大場家表門

屋敷内を一通り見せていただき相当時間も過ぎていたので、この日は辞すことにした。「いま史料を展示するための建物を造っています」と夫人は言われる。屋敷の東外れに蔵のような立派な建物が新築中であった。「来年の二月にはお見せできると思います。その時是非お出かけ下さい」と夫人。「必ずお邪魔させていただきます」と答え、帰り際に屋敷内の写真を撮らせていただいて大場家を辞した。

明けて平成二十二年（二〇一〇）二月のある日曜日、新装なった史料館を荊妻と訪れてみた。開館のことを知ってであろう、歴史に興味を持つ多くの人々が訪れていた。この日は大塲家の令嬢が案内役として麗々しく振舞っておられた。史料館の中に入ると、幕末水戸藩関係の史料が展示されている。烈公筆の大きな竹の絵が人目を引く。また、桜田門外の変に参加した烈士の遺墨なども展示されており、当時の大塲家当主であった大塲惣助政信のとった立場も自ずと明らかになる。邸内を再び見ながら、次回は義公の史料などがあれば見せていただくことを約し、大場家を辞した。

このような多くの貴重な史料を有する大塲家とは一体どのような来歴をもつ家なのか、帰ってから史料にあたってみた。まずは『玉造町史』を読む。大塲家の背面北側にあるのが玉造の城跡である。別名轟城ともいい嘉応年間（一一六九〜七〇）あるいは寛正五年（一四六四）の築城という。常陸大掾氏一族である行方《なめかた》景幹の四男幹政が治承年間（一一七七〜八〇）この地に配され、玉造氏を名乗った。以後十五代にわたりこの地を支配したが、天正十八年（一五九〇）十二月、水戸城を攻撃し江戸氏を服属させた佐竹氏は常陸南郡方面の征討に着手した。

『群書類従』「和光院過去帳」に、

天正十九季辛卯二月九日

於佐竹太田ニ生害ノ衆

鹿島殿父子、カミ、島崎殿父子、

玉造殿父子、中居殿、釜田殿兄弟、
アウカ殿、小高殿父子、手賀殿兄弟、
武田殿、巳上十六人

とあるのは、この時の出来事を記録した過去帳とされる。天正十九年（一五九一）二月九日、「南方三十三館」の主たちが太田城での祝事に託《かこつ》けて誘い出され、佐竹氏によってことごとく謀殺されたといわれる事件である。三十三館の城主すべてが謀殺されたという説もあるが、実際は過去帳に記されている十六人であったかもしれない。いずれにせよこれによって佐竹氏による常陸支配が大きく前進したことは間違いない。

大場氏はその玉造氏の家臣の一人であった。家系図では大場正忠という人物が玉造右京大夫宗幹に仕え、子正信は佐竹義宣に仕え、徳川氏が天下を制するや清左衛門正治の代に水戸藩に仕えて藩政の一端を担うことになる。正治には男子が二人おり、正勝という人物は水戸藩士として威公に仕えた。『寛文規式帳』を見ると、「御式臺役」の中の一人に「大場伊衛門」とあるのがそれであろう。大場家を継いだのは惣助方正である。清左衛門正治が亡くなるのは寛文六年（一六六六）三月二十九日のことであったというから、惣助方正がこの家の主となったのはその前後のことであったろう。

延宝二年（一六七四）四月二十二日、義公は鎌倉に向かうため水戸を出発し、途中二十三日玉造に寄っている。浜村で孝子弥作に黄金を与えたという有名な話はこの時のことであるが、同年の大場家

『清左衛門由緒書』には次のようにあるという。

殿様御参勤として寅四月二十二日水戸御立、其日ハ小川村ニ御一宿、翌日玉造村へ御掛り、原道を板久村江御通也、為御案内御近所ニ参、八木蒔村之境ニ而河内山を御上覧、某も被召出、汝か忠心之山ハ此山かと御尋有、（中略）それより某も板久村江御案内仕、二十五日迄風雨仕ニより板久村御逗留、同日御出立之砌御目見へ仕、（以下略）

この記録により、小川から玉造・潮来への案内人の一人は惣助方正が務めていたことが判明する。この時大場家が藩に寄付した御立山のことについて義公は知っており、それを話題にしたことが窺える。また方正は潮来への道筋の案内もしたことや、天気が悪かったので義公は潮来に二十五日まで留まり、雨にもかかわらず鉄砲を駆使して狩りをしたことまで知ることが出来る。義公巡遊の一端を垣間見ることが出来る貴重な史料というべきである。

引退の翌年元禄四年（一六九一）十一月、義公一行は十九日に那珂湊を出て二十三日玉造に着いた。この時の旅館は大場家御殿であったと思われる。二十六日には延方・大須新田息栖方面を巡遊し、二十八日には長勝寺に「御成」になっているから、玉造には二、三日逗留したのかもしれない。西山荘に戻るのは十二月になってからである。『日乗上人日記』十二月七日の条には、「暮より雪降る。夜中御歩行にて帰御」とある。

次の玉造巡遊は、元禄九年（一六九六）二月のことである。同上人『日記』には二月九日の条に、今日ハゐびさはへ御着。左善といふ者御馳走申けれバ、日たけて今日ハ小川迄と被仰けれど人々もすすまず、日暮寒風つよくふきけれバ、今日ハここに御とうりう也。

とある。湊から海老沢を経て小川に行こうとした義公一行は強風に行く手を阻まれ、海老沢泊まりとなった。

御成御殿

また、二月十日の条には、

つとめて御殿にいづる。巳刻過るに出御。今日ハ小川迄の御なりのよし。公ハ御すぐ道にて被為成。予並僧衆ハ鳥羽田《とっぱた》の小栗《おぐり》の旧跡見て参れと仰られければ、鳥羽田へゆく。

とあって、義公一行は真っすぐ小川に行き、日乗上人達僧侶は命じられて鳥羽田にある竜眼寺の見学に立ち寄り、それから小川に宿泊した。十日夜には「旅宿の春雪」の題で和歌を詠み交わしている。義公と日乗上人の歌は次のようであった。

旅の空またさへかへる春風にかほらぬ花ぞ袖にちりくる　義公
春ながらあれきる雪も古郷の軒端の松をおもひこそやれ　日乗上人

十二日になると、小川を出て霞ヶ浦を舟で渡り対岸の井関に行く。この日のうちに井関から宍倉、安食を廻り、舟で玉造に戻っている。宍倉には「孫七」という人物の親類が住んでいたのであろう、一行はそこに立ち寄り「そばきり」を御馳走になっている。「そばきり」は義公の好物であった。玉造に戻った一行はここに宿泊する。義公の宿はやはり大場家の御殿であった可能性が高い。

『日乗上人日記』には、

今日ハ小川より御舟にめす。井石と哉覧《やらん》に御舟さしとめて寺々御覧ありし。それより山つたいに三里ばかりもゆきてししくらといふ所にて、孫七殿親類の所にて御そばきり上る。及暮て御立、あしきといふ所にて御舟めす。亥の刻斗に玉つくりといふ所の御宿ありて御宿也。予も宿ありて宿ス。

とある。小川出立は「辰ノ頃」であったから午前八時前後、玉造着は「亥の刻」であるから午後十時前後、実質十二時間以上は行動していたことになる。文字通り領内隅々までの巡遊であることが知れよう。義公六十八歳の春の一日のことであった。

さらにこの年の十二月八日再度宍倉を訪れ、杲泰寺朴巌和尚と相見《あいまみ》えたことは「宍倉杲泰寺と朴巌和尚」のところで述べているが、この時の日程は判然としていない。玉造までの行程は小川廻りか北浦廻りかの違いはあるが、この時も二月と同じような行程であったと考えられるので、どちらにしても玉造の大場家御殿に宿泊していると考えられよう。

元禄十二年（一六九九）は義公の玉造滞在が明確な年である。この年の南領巡遊は一ヶ月にも及ぶ長期のものであった。一月十七日水戸城を発った一行は小幡、紅葉、小川と進み、二十二日から二十五日まで小川に滞在する。玉造着は二十五日。宿泊は大場家御殿でここに三泊している。二十八日には大場家御殿を発ち次の目的地潮来に向かう。潮来には十三日まで滞在。潮来からは東崎《とうがさき》、海老沢へと向かい、海老沢の川崎家にあった御殿に二泊した。湊御殿に入るのは二月十五日のことである。義公薨去の前年のことであった。

義公薨去の年元禄十三年（一七〇〇）も同じ正月から二月にかけて南領の巡遊に出かけている。正月十四日水戸を出た一行は湊御殿に滞在し、十七日に海老沢に向かう。海老沢に二泊して十九日は鉾田市の東崎まで行って朝食をとり潮来に到着。潮来からは鹿島神宮に参詣したともいわれ、この日のうちに潮来に戻っている。潮来では石田助右衛門宅に逗留し、二月三日玉造に「帰御」して七日まで玉造に留まる。滞在したのはおそらく大場家御殿であったろう。五日には浜村の「瑠璃光山薬王院東福寺」に「御成」になったという。かつてこの地を経て鎌倉方面に旅行した時孝子弥作を表彰したことはすでに述べたが、弥作の家は東福寺から直ぐのところにあったと思われるので、あるいはその後の弥作の暮らしぶりを確かめる目的があったのかもしれない。

玉造を出立したのは二月七日。小川を経て海老沢へ向い、海老沢からはいつものように涸沼を舟で大洗方面に渡ったろう。この時は木下というところに一泊している。二月八日は那珂川を舟で上り青柳まで行き、そこから陸路太田街道を現那珂市菅谷に向い、当時菅谷にあった延命院で休息をとったと思われる。西山荘にはこの日のうちに戻った。

このように見てくると、引退後の義公の関心事の一つは南領方面の民政安定にあったと思われ、その活動拠点として玉造と潮来を重要視したと考えられる。大場家御殿への「御成」がしばしばであったとすれば、理由の一端はこのようなところにあろうか。

筆者はこれらを知る手掛かりをなんとか得たいと考えていた。幸い清真学園の梶山孝夫博士が大場家当主と面識があるという。連絡をとってみると、大場家の文書類を研究している玉里古文書調査研究会池上和子氏の講演会が茨城県立図書館であり、その席には現大場家当主も出席するはずだという。願ってもない機会が巡ってきた。平成二十一年十月二十五日、筆者が初めて大場家を訪問した直ぐあとのことであった。

「襖の中から見える大場家四百年の歴史」と題する講演であった。平成十七年（二〇〇五）からの大場家住宅の解体修理とともに襖の下貼り文書を剝がす作業が進められた。これを整理解読して年代ごとにまとめ、大場家四百年の歴史を解明されようとするものである。池上氏らの御苦労が偲ばれるとともに、大場家の水戸藩政に果たしてきた役割の大きさをあらためて認識することとなった。講演後に博士から大場先生を紹介された。水戸市酒門で大場内科クリニックという透析専門の病院を経営され、その道の権威者であるという。非常に気さくな方で「機会があればご希望に添えるようにいたします」と約束をして下さった。

言葉に甘え、平成二十二年四月二十五日、同好の士らとともに春の遠足と称して大場家を訪れてみた。しかし、大場先生は多忙を極めて日程が折り合わず、義公関係の文書を見ることは出来なかった。

それから約一年後の平成二十三年（二〇一一）二月十五日、池上氏に連絡を取り氏が中心になって活動している玉里古文書調査研究会の作業場にお邪魔した。場所は小美玉市高崎にある市の文化施設コスモスである。コスモスは霞ヶ浦の西外れ湖畔にある。旧小川町の取材のため小川図書館を訪ねた時、水戸藩の船に掲げられた丸に水の一字を染め抜いた旗印が展示されていた。旗は撮影できなかったが、レプリカがコスモスに展示されていると聞いたので一月中すでにここを訪れていたのである。

訪ねてみると数名の会員が古文書類を分類し、一枚一枚皺《しわ》などを丁寧に伸ばして袋に収めていた。池上氏は手を休めて筆者を会員に紹介して下さった。「そろそろお茶の時間ですので、先生もどうぞ飲んでいって下さい」といってお茶に誘っていただいた。それからしばし会員の方々と話をしてから今後の予定などを聞いた。すると三月の七八日に大場家で研究会があり、その時ならば文書を見せられるという。必ず行くので文書を是非見せて欲しいことを申し入れ許可を得た。

それから三月はすぐであった。三月七日、午前中に授業を済ませたあと大場家に向かった。この日は朝から牡丹雪が舞った。水分を含んだ重い雪が急速に積り、水戸を出る時には十センチ近くにもなっていた。茨城町を過ぎる頃には辺り一面真っ白で、道路に積った雪はシャーベット状で滑りやすかった。事故に遭わないようにゆっくり走り、一時間半かけて大場家に着いた。

この日池上会長は会員の方と二人で古文書の整理解読にあたっていたが、筆者のために十数点袋に入った文書を出して下さった。一点々々確かめながら見ていくと、蓮の苗を村次で送るよう指示した文書を見つけた。よく見ると、西山荘のある太田から玉造大場惣助宛て、幾つかの村の名と通過した時刻が書き込んである一通である。その中に筆者が住んでいる所の旧村名「堤村」を見た時、何とも言えない感慨におそわれた。多分、筆者の先祖もこの輸送にかかわっていたであろうと思われた。

文書はこの頃の輸送経路を明確にするもので価値が高い。現常陸太田を出て「磯部」を通り「上川井」、那珂市「額田」、「堤」と磐城棚倉街道を運ばれ、「堤」から現国道六号線との合流点であるひたちなか市の「田彦」に行く。「田彦」からは「市毛」、「枝川」に行き、ここで那珂川を渡り水戸の城下に入る。次いで「吉田」から茨城町「長岡」、「小鶴」、「奥野谷」と運ばれ、小美玉市に入る。「足黒」というところから「下吉景」「芹沢」そして最終地「玉造」大場家に至るのである。また、それぞれの村では右肩に通過時刻まで記入していることが知られる。文書は左のごとくである。

此状並蓮村次大事ニいたし慥ニ
請取渡次相應可被申候。此樽此村次

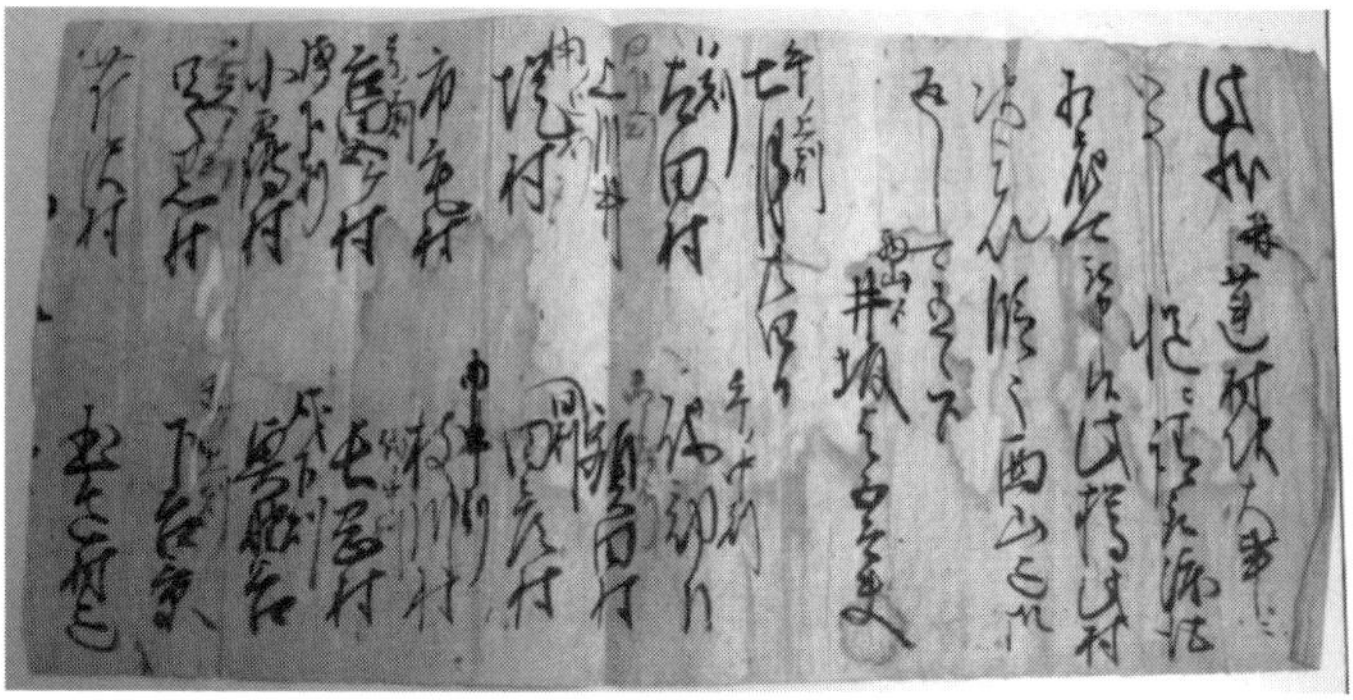

蓮の村次文書

を以段々西山迄御返し可有之候。
西山より 井坂与五大夫
牛ノ上刻 七月廿四日

同刻 太田村	牛ノ中刻 磯部村
同下刻 上川井	未ノ上刻 額田村
申ノ上刻 堤村	同刻 田彦村
市毛村	申中刻 枝川村
とりノ上刻 吉田五ヶ村	戌ノ中刻 長岡村
戌ノ下刻 小鶴村	戌ノ下刻 奥野谷
亥ノ下刻 足黒村	子ノ上刻 下吉景
芹沢村	玉造村迄

この文書から、正午ごろ西山荘を出た荷物と文書は午後五時ごろには水戸城下の吉田あたりを通過し、深夜には玉造大場家まで到着していただろうと思われる。現在の宅急便のように確実で速い。他にも蓮についての文書が何通か見られるので、霞ヶ浦周辺での蓮の栽培を企図していたことに因るの

であろうか。江戸期は蓮の観賞が流行したともいわれるが、義公の場合は単なる鑑賞だけではあるまい。筆者には蓮栽培による殖産興業の取り組みの一つであったように思われる。

蓮に関しては幾つかの漢詩が『常山文集』にみえるが、「巻之九」に載せられている次の七言詩は慶安四年（一六五一）、二十四歳の若い頃のものである。

讀㆓愛蓮説㆒　　愛蓮説を読む
濯濯池蓮直且清。　　濯濯《たくたく》たる池蓮直且つ清。
千年遺愛獨分明。　　千年の遺愛獨《ひと》り分明たり。
對花誰識濂翁意。　　花に對し誰か識《し》らん濂翁《れんおう》の意。
徳種惟馨君子名。　　徳種惟《ただ》馨る君子名。

愛蓮説を読むとあるから、おそらく『古文真宝』にある周茂叔の「愛蓮説」を読んだ感想を七言詩に詠んだものであろう。周茂叔の「愛蓮説」はこうである。

水陸艸木の花、愛す可きの甚《はなは》だ蕃《おお》し。晉の陶淵明《とうえんめい》は獨り菊を愛す。李唐《りとう》より來《こ》のかた、世人甚だ牡丹を愛す。予獨り蓮の淤泥《おでい》より出でて染まらず、清漣《せいれん》に濯《たく》せられて妖《よう》ならず、中通じ外直にして、蔓《まん》ならず枝あらず、香遠くして益々清く、亭亭として淨く植《た》ち、遠く觀る可くして褻翫《せつがん》す可からざるを愛す。

予謂《おも》えらく、菊は花の隠逸《いんいつ》なる者なり、牡丹は花の富貴《ふうき》なる者なり、蓮は花の君子なる者なりと。

噫《ああ》、菊を之れ愛するは、陶が後に聞くこと有ること鮮《すくな》し。蓮を之れ愛するは、予に同じき者何人ぞや。牡丹を之れ愛するは、宜なるかな衆きこと。

周茂叔《もしゅく》は北宋の人で、「愛蓮説」は嘉祐八年（一〇六三）の作という。宋では絢爛豪華《けんらんごうか》な牡丹の花がもてはやされたらしいが、泥の中から芽を出しながら真っすぐで清らかに咲き香る蓮を茂叔は愛したのである。そのことは同時に、世俗に流されず、清廉《せいれん》質素で真っすぐに生きることを人生の目標とした、茂叔の人生観が表われていよう。

義公「讀愛蓮説」の七言詩はこのことを踏まえている。茂叔の愛蓮説を読んだ義公は、蓮が泥に染まることなく真っすぐに立って清らかな花を開いたさまに感じ、自分のこれからの人生をそこに重ねたのである。それから四十余年、蓮に対する愛着の念は少しも変らなかったが、今度は蓮を栽培して蓮根づくりをこの地方に根付かせようとはかったのであろう。

筆者がかつて杭州西湖畔にある南宋の英雄岳飛の墓に詣でた時、歓迎を受け蓮根の粉末を湯でといた蓮根湯を出されたことがある。彼の地では健康食品として常用されているということを聞いた。蓮根は血行を促進し、蓮の実は薬用として貴重であることはよく知られている。義公の師朱舜水はその杭州近くの余姚の出身であったから、何らかの伝承があった可能性も考えられる。

この他、文書の中には「覚」として義公当時に「拝領」したと思われる品物の目録もあった。これ

には、

一　白銀一枚　　清右衛門
一　絹壱疋　　同人女房
一　さしくし一　　同人娘
一　垣鮎拾五　　同人子八十郎

とある。この時、文書と同時に和紙に大切にくるまれていた美しい櫛も見せていただいたが、恐らくこれが目録中の「さしくし」ではないかと思われる。想像を逞しくすれば、「さしくし」を「拝領」したのは義公が江戸から帰った翌年、即ち元禄九年二月に玉造を訪れた時ではないかと考えられる。江戸土産として清右衛門（方正）の愛娘に贈ったものと考えればぴったりする。

というのは、かつて常陸太田市高倉の細谷家を訪ねた時、この「さしくし」とほとんど同じ「拝領」の櫛を見たことがあったからである。しかも細谷家を訪れたのは同じ元禄九年八月のことで、西山荘から天下野を経て高倉、大子町付の北筋を巡遊した時であった。普段世話になっている家々に江戸土産《みやげ》を配ったと筆者は見ている。義公というのはそのような細《こま》やかな心配りをする人なのである。

また、文書の中には、「御殿」に「御成」になる際に大場方正の都合を聞いている一通もあった。それは十二月三日付のもので、公が「御成」になり「御宿」を御「所望」になっているので予定していて欲しいという吉田仁左衛門の書簡である。高倉細谷家に「御成」になった時も、これと同じような内容の書簡が送られていることが、『加藤寛斎随筆』に見えている。あらかじめ先触れをしてから、各所の御殿を訪れるのを通例としたのであろう。とすると、十二月三日より後に大場家を宿泊所とした年は限られてくる。

元禄九年十二月八日、宍倉杲泰寺を訪れ朴巌和尚と漢詩を詠み交わしていた。この時の日程ははっきりしないが、各記録などから大場家に宿泊したのは十日であったから、十二月三日湊あたりから出した可能性が考えられる。また、元禄十年（一六九七）は十二月六日に玉造に「御成」になっているから、小川あたりから出している可能性もある。おそらくこのいずれかであろう。

ところで、大場家は代々水戸藩大山守を務めた家であるが、いつから任命されるようになったか明確ではない。しかし、遅くとも惣助方正の時代には任命されていたであろう。大山守という職務は多岐にわたり、相当な負担であったらしいことは『新編常陸國誌』中の次の記事から知られよう。

大山守大場惣助ハ行方郡玉造村［水戸殿領分］ニ住メリ、初メハ庄屋ノ役ヲツトメ、後大山守ニテ年寄ヲ兼ネシガ、庄屋ナリシ時ヨリ懇ニ村人ヲ教へ諭シ、ナベテノ為ニヨロシカルべキ事ヲハカリ、村ノ内境廣ク程遠キ所ニ悪シキモノ立イリテヨシナキ業モコソアラメト、組頭ナドカタラヒテ、毎夜ヒソカニ見巡リシカバ、サル者モ入リ得ザリキ、マタ非常ノ事ニ備ヘントテ村人ニ下知シテ金ヲ出シ、蓄ヘトサセケルニ、貧キ者ノイタミトナラン事ヲ思ヒ、少シヅ、出ダサセケリ、明和七八年ノ年、サシツヅキテ日デリセシニ、ヲノガ田ニハカ、ハラズ晝夜トナク田ノ面ニアリテ、程々ニシタガヒ水ヲクバリ與ヘタリシカバ水引ノ争ヒナク、早苗ヲモ残リナク植ツケ、シカノミナラズ林トナルベキ地ニハ木ヲウヘ野火ヲフセグベキヤウモ心ヲツケ、スベテ民ノ費ヲハブキ、イサ、カモ私ナカリケレバ、ソノヨシ領主ニ聞エテ、安永四年閏十二月、籾ヲ與ヘテ賞セラレシガ、ソノ後モ怠ズ、心ヲ盡シツトメシカバ、天明二年十二月［四十五歳］、マタモ褒美ノ籾ソクバクヲアタヘラレタリ

この記事は文中に「安永四年」（一七七五）とあるから、惣助方正から四代後の大場寧政時代のものである。寧政は、人々が寝ている間にも、村の治安をはかるため隅々まで目を配った。また、灌漑用水の確保は稲作最大の問題である。寧政は争いを防ぐために水配りまでし、誠心誠意役目を果している。玉造周辺の民政が安定していたのも、大場家代々の優れた仕置きによるものであったろうし、藩が特に寧政を表彰しているのも当然のことといえる。これらから類推して、元禄期の庄屋の役目もそう変わりないものであったろうから、惣助方正も同じように用心して民政の安定をはかっていたものと考えられる。

一方義公は、行政末端としての庄屋の重要性を認識していたであろうから、しきりに各地を訪れては、村方の労に報い慰撫するところがあった。大場惣助宅を何度も訪れているのはその一環であろう。その事は三代藩主綱條公の補佐という側面があったであろうが、藩政はいかにあるべきかという手本を示すことでもあった。このことは藩内の庄屋層にも影響を与えずにはおかなかったはずである。名

藩主に名庄屋、この組み合わせは財政不如意であった水戸藩が、その善政をもって天下にその名を轟かせた一因であったろう。

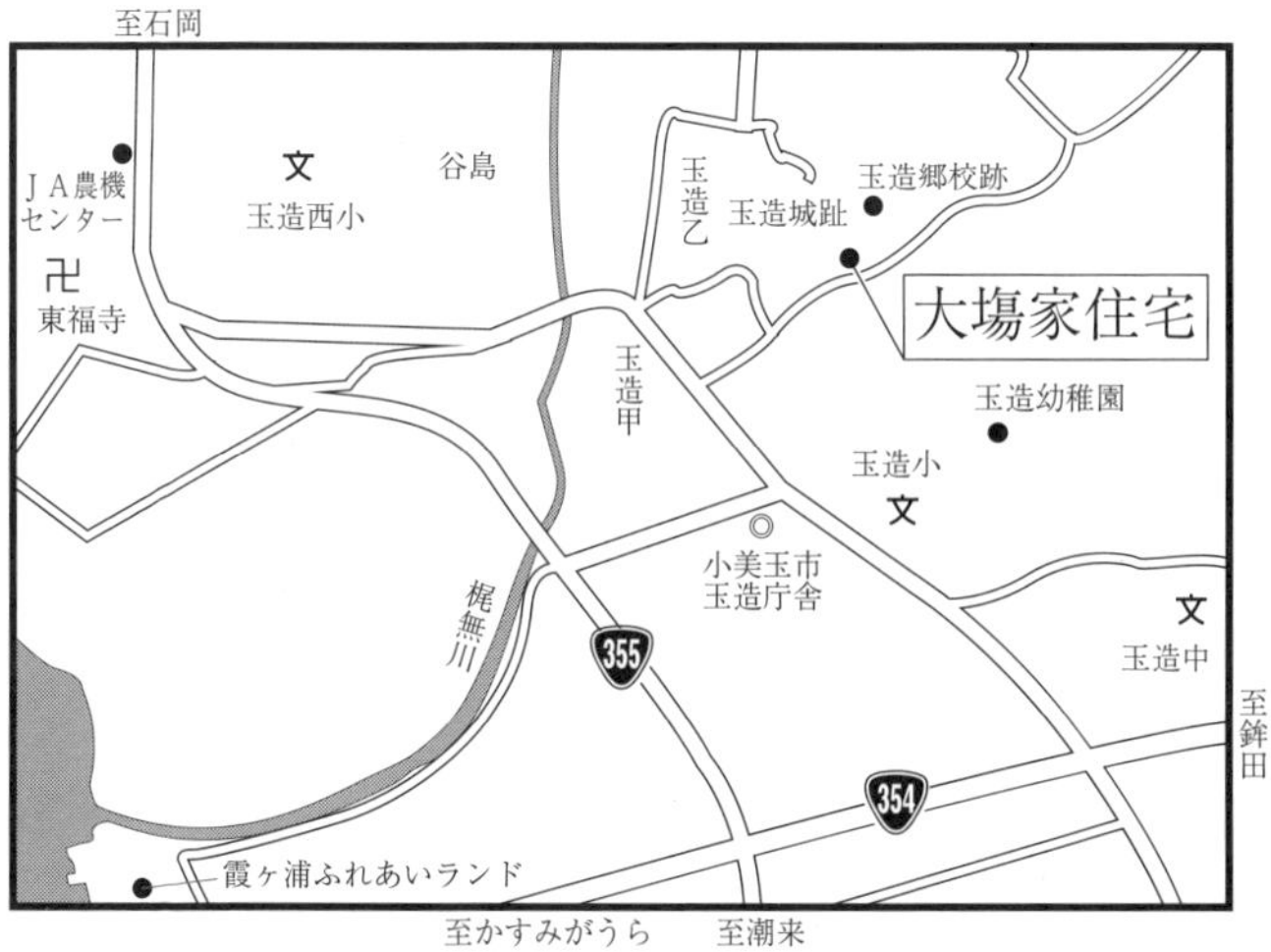

潮来市

（一）潮来長勝寺

『水戸紀年』寛文七年（一六六七）十一月の条を見ると、

今月、公、板久に至り長勝寺の廢せるを憐み金五十兩を賜て修造す、住僧室岩これを謝し奉る、時に再生頼朝公の句あり昔鎌倉將軍の祈願所なり故に此の句あり、古鐘の由來其銘に詳也

とある。寛文七年は義公四十歳、藩主就任六年後のことである。

この間、寛文三年（一六六三）十月、就国ののちに領内各地を巡視し、寛文五年（一六六五）八月、筑波山に登ったあと帰国して再び領内を巡視している。この後寺社法令を定めて寺社改革に着手、同年淫祠三千八十八を毀《こぼ》ち、翌六年、新建寺院九百九十七を廃し、寺僧を還俗させたことはすでに記したところである。しかし一方では、由緒ある寺院などの復興や、仏像・伽藍の修復に力を尽している。『水戸紀年』にあるように、板久長勝寺も、伽藍復興の対象になった寺院の一つである。

その「板久」が現在の潮来に地名が変わるのは、元禄九年（一六九六）である。『西山遺事俚老雑話』

に、

行方郡潮來村、古名板久。元録《禄》九子年、義公様尊慮にて潮來と改させ給。

とある。

潮来市教育委員会発行の『潮来市の文化財』「増補版」を見ると、潮来市の文化財として長勝寺仏殿、山門、方丈などとともに、長勝寺中興の名僧といわれる太嶽《たいがく》大和尚の頂相《ちんぞう》、摩《ま》訶《か》迦葉《かしょう》尊者立像、梵鐘、高麗焼茶碗など、多数が載せられている。今回機会があり、これらについての来歴を調べてみると、義公と関係がないものはほとんどないといってよい。

その長勝寺はといえば、何といっても唐様建築の仏殿がよく知られている。仏殿は七間四方、入母屋造茅葺の堂々たる禅宗建築で、随所に桃山時代の手法が見られるという。昭和五十六年（一九八一）から七年をかけて解体修理が行なわれた際、棟札《むなふだ》などから、元禄七年（一六七四）頃の再興とされた。引退後、義公はしばしば潮来を訪れていることが諸記録より明らかであるから、その折には必ず長勝寺に立ち寄ったことと思われる。

さらに、仏殿に至る参道途中に建つ山門も、いかにも禅寺らしく堂々としていて、しかも屋根の勾配が美しい。これまた桃山時代の様式といわれるが、もとはといえば、同市延方《のぶかた》にある真言宗普門院《ふもんいん》の山門であったらしい。元禄十三年（一七〇〇）、義公の命によって長勝寺に引き移したという。元禄十三年といえば義公薨去《こうきょ》のその年のことであるから、義公は亡くなる寸前まで、長勝寺のあるべき姿を求めてやまなかった、ということが出来よう。

また長勝寺には、摩訶迦葉《まかかしょう》尊者立像があることも知られている。迦葉尊者は釈迦の十大弟子の一人で、禅宗においては「拈華微笑《ねんげみしょう》」の修行者として尊重されて来ているという。「拈華」とは華《はな》をひねり出す、ここでは差し出すこと、「微笑」とはその差出された華を見て微笑《ほほえ》むということである。『無門関《むもんかん》』「第

長勝寺山門

六則」にある公案《こうあん》はこうである。

ある時、釈尊は霊鷲山《りょうじゅせん》にいる弟子達に説法をするためその前に立ち、何も言わずに蓮の華を差し出したという。説法を聴こうとしていた弟子たちは、なぜ釈尊が黙って華を差し出したか理解できず、ただ唖然《あぜん》とするばかりであった。ところがその時、迦葉ばかりはにっこりと微笑んだという。

それを見た釈尊は「私には普遍の正法、真実の不生不滅《ふしょうふめつ》の妙法、無相の相の微妙法門がある。それは不立文字《ふりゅうもんじ》、教外別伝《きょうげべつでん》である。これを迦葉に伝授する」と言ったと伝えられる。釈尊と迦葉の間には、言葉では言い尽せない仏法の本質が、「以心伝心」で伝わっていたのである。

義公が長勝寺を訪れ、荒れるに任せていた伽藍や仏像の修復をすることになるのは、禅宗で尊重されてきたこの公案が頭に浮かんだためでもあったろうか。このことを推測させる文章が、『常山文集補遺』に載せられている。

長勝寺迦葉尊者像記

常陸國行方郡潮來邨。海雲山長勝禪寺。自レ中改レ派。
雖レ有二歴住之像一。不レ知二誰某一。散二在堂之側一。我偶視レ之。
殆似二迦葉面貌一。於レ是命レ工新刻雕。以作二迦葉尊者肖像一。
安二彼佛殿一云

元禄戊寅之歳　源光圀

義公が長勝寺を訪れた時、寺は荒れ果てゝおり、数体の仏像などが散在していたのである。これを嘆いた義公は、そのうちの一体が「拈華微笑」で知られる迦葉尊者に似ていたことから、元禄十一年戊寅年（一六九八）に修復を終え、迦葉尊者像として仏殿に安置したのであった。

その頃、義公と交流があった長勝寺の僧は、太嶽《たいがく》和尚と瑞雲《ずいうん》和尚である。『水戸義公書簡集』には、二人に宛てた数通の書簡が見える。そのうち太嶽和尚宛は次の二通である。

如示年甫佳幸、不可有盡期候、
愈御清勝御超歳、珍重々々

山庄恙無越年之事候、萬縷期
遅日之時候、
恐々頓首
正月十三日　西山隱士
光圀
太嶽和尚

回章
就松平刑部大輔死去、先日者芳章之趣
深情之至存候、爲御禮如斯候、
恐々頓首
水戸前中納言
五月十八日　光圀
太嶽和尚
机下

一通目には「西山隱士」とあるから、義公が西山荘に隠居する元禄四年（一六九一）五月以降の書簡である。また「山庄恙無越年之事候」ともあるから、恐らくは元禄五年（一六九二）か六年（一六九三）正月のものではなかろうか。二通目中には「松平刑部大輔死去」とある。「松平刑部大輔」とは、義公の弟松平頼元公のことである。『西山過去帳』によれば、亡くなったのは元禄六年四月二十八日、書簡の日付は五月十八日。時期から考えて、太嶽和尚から贈られたお悔みの書簡への返礼であったろう。同じ『西山過去帳』を見ると、太嶽和尚示寂の年は元禄七年十月十日であったことが知られ、「葬二長勝寺西南隅一」ともあるから、和尚もこの翌年のうちに亡くなり、長勝寺境内の一画に葬られたのである。

また『潮来市の文化財』によると、太嶽和尚は「長勝寺中興の名僧」ともある。京都妙心寺の第二百五十三世を務めた後、岩代《いわしろ》（現在の福島県）松岡寺を開山、その後義公より水戸江林寺《こうりんじ》に招聘《しょうへい》されたという。さらに最晩年、長勝寺の復興のため潮来に移り、元禄四年頃瑞雲和尚と共にその任にあたる。現在のような、鎌倉時代の古寺といった雰囲気の伽藍配置となるのは、元禄七年以降のことであるという。

元禄四年十二月、義公は太嶽和尚を訪れた。『常山文集』「巻之七」にある次の詩は、この間の事情を雄弁に物語るものであろう。（『義公史蹟行脚』ではこの詩が詠まれたのを元禄十年としているが、誤りであろう）

賜紫太岳和尚、退隠して茅を長勝禪寺傍《かたわら》に把《と》る。
予偶《たまた》ま此を過《よぎ》る。閒談終日、卽席操毫、

長句一篇を賦し、以て高眸《こうぼう》に備ふと云ふ。

冬景引吾到上方　冬景吾を引きて上方《じょうほう》に到る
軒傾殿古自荒涼　軒《のき》傾き殿古《ふ》り自《おのづか》ら荒涼
妙心傳法脈分派　妙心法を傳へ脈派を分つ
清拙銘鐘聲聽霜　清拙鐘に銘じ聲霜を聽く
擁戸遠鄰鹿島社　戸を擁す遠鄰鹿島の社
當窗近寄箕幡航　窗《そう》に當《むか》へば近くに寄す箕幡《きはん》の航
味禪食道伊蒲膳　禪を味はひ道を食す伊蒲《いほ》の膳
夢死醉生般若湯　夢死醉生す般若《はんにゃ》の湯
抖擻六塵塵却聚　六塵を抖擻《とそう》すれば塵却て聚《あつま》り
抉開雙眼眼遙望　雙眼を抉開《けつかい》して眼遙《はるか》に望む
境幽地靜人縁絶　境幽地靜にして人縁絶え
半日偸閒世慮忘　半日閒を偸《ぬす》みて世慮《せりょ》を忘る

詞書に「賜紫」とあるから、太嶽和尚は当時紫衣《しえ》を許されていたのであろう。朝廷から紫衣を賜わるということは、高僧の証である。江林寺を引退したあと、乞われて潮来長勝寺境内に移り、寺の復興に尽力していたのである。詩中「上方」とあるは寺を意味する。また「妙心傳法」とあるように、妙心寺派に属するこの寺には、嘉暦元年（一三二六）、元末に来朝した清拙禅師の作銘による銅鐘があったことが詠み込まれている。さらに詩には、寺からそう遠くないところに鹿島神宮が神威《しんい》赫々《かくかく》として人煙の中に存し、長勝寺からは湊に出入する船帆が頻繁に望まれるとある。しかし、寺の境内は静閑としていて世人が容易に近づかないところ、しばし俗世間の煩わしさから逃れていよう、というのであろう。人や船舶の往来が頻繁な市中にあってなお禅寺らしい、静かなたたずまいの長勝寺を髣《ほう》髴《ふつ》とさせる七言詩である。

現在国の重要文化財に指定されている銅鐘は、元徳二年（一三三〇）、北条高時が源頼朝の菩提を弔うため寄進したと伝えられる。総高一一五センチメートル、口径六六・三センチメートル、形も良く、銘文刻字も優れる優品であるとされる。清拙禅師が作ったという鐘銘は、次の如くであるという。

常陸國海雲山長勝禪寺銘有序

寺始於文治元年右大將殿時所立也、治今元徳庚午百二十餘載乃爲鎌倉殿御願所、大檀度道曉禪門以古鐘末宏譽貴眘等共施財新而大之往時妙節長老請於圓觀清拙叟爲之銘曰

維古蘭若　長勝厥名　寸逞微撞　今器末宏
爰命鳧氏　鎔範速成　鏗々訇々　殷雷吼鯨
音聞佛事　開聾啓盲　大哉圓通　十虛廓清

霜天月暁　落景初更　眞機普發　衆夢齋驚
深禪偃仰　苦趣休停　客船夜泊　常陸蘇城
上延睿算　下息戈兵　檀門茂盛　梵刹堅貞
海雲日横　青山崢嶸　人天號令　相道通亭
元徳庚午十月一日書

序によれば、寺の創始は文治元年（一一八五）。「右大将殿時」とあるから、源頼朝の時に創建されたことが知られる。それから約百二十余年後の「元徳庚午」の年（一三三〇）、「大檀度道暁禪門」始め多くの人々の喜捨《きしゃ》により、新たに銅鐘を作ることになった。そこで当時の住持妙節長老は、円覚寺の清拙禅師に鐘銘《しょうめい》を作ることを依頼したという。これが右の鐘銘なのである。

銘中に「客船夜泊《やはく》」「常陸蘇城《そじょう》」とあることから、潮来は当時から船の往来が盛んな水上交通の要地であったことが窺える。来朝した清拙禅師の脳裏には、「楓橋の張継」として知られる詩人張継が詠んだ「楓橋夜泊《ふうきょうやはく》」の七言詩、

月落烏啼霜満天　月落ち烏啼《な》いて霜天に満つ
江村漁火對愁眠　江村漁火 愁眠《しゅうみん》に對す
姑蘇城外寒山寺　姑蘇《こそ》城外寒山寺
夜半鐘声到客船　夜半の鐘声客船《かくせん》に到る

が浮かんでいたと思われる。清拙禅師にとって、潮来は故国の水の都蘇州を思い起すような、旅愁を感じさせる風景に満ちている地、と想像したのであろう。

また、「煙霞《えんか》痼疾《こしつ》に入る」ということを自認していた義公にとって、ここ長勝寺から見るいかにも水郷らしい情緒に富んだ眺望は、詩心を喚起するに十分であったこと疑いなかろう。

元禄十年（一六九七）閏二月、長勝寺に遊んだ義公は「野亭即興」と題する五言詩二首を詠んでいる。その一首目は次のようである。

偶登此一丘　　偶《たまたま》登る此の一丘

多景射雙眸　　多景雙眸《そうぼう》を射る

鯨吼響長勝　　鯨吼《げいこう》長勝に響き

鳥飛破總州　　鳥飛《ちょうひ》總州《そうしゅう》を破る

拈毫何苦意　　毫《ふで》を拈《ひね》り何の意か苦しむ

酌酒共消愁　　酒を酌して共に愁を消す

今日樂須盡　　今日の樂は須《すべか》らく盡すべし

有誰期再遊　　誰か有りて再遊を期せん

長勝寺は小丘を背にして建つ。そこに登れば西に筑波山、正面には浮島《うきしま》方面、東に目を転ずれば小さな島のような洲が点在する。川の流れは時に音をたて、野鳥が総州方面に向かって勢よく飛び立つさまを目にすることができる。時には詩を詠もうとして句をひねり、時には盃をあげて愁いを払拭したりするが、眼前の楽しみを十分楽しもう。再遊の機会は期しがたいかもしれぬから、という心境を詠んだものであろう。義公はここからの眺望を堪能しているのである。

元禄十一年春、再び長勝寺を訪れた義公は、次の七言詩を詠んでいる。

仲春朔。偶《たまた》ま潮來長勝禪寺を過《よぎ》り、共に後山に登る。眼を東南に放てば水天一色。雨も奇《き》晴も好《よ》し。卽興口號元禄十一年戊寅

緩牽黎杖扣雙林　　緩《ゆるやか》に黎杖《れいじょう》を牽《ひ》きて雙林《そうりん》を扣《たた》く
攀上長勝萬仭岑　　攀《よ》じ上る長勝萬仭《ばんじん》の岑《みね》
一口呑來波逆水　　一口呑み來る波逆《なさか》の水
滿吭吐出海潮音　　滿吭《ばんこう》吐き出す海潮音

詞書にあるように、時は春、長勝寺瑞雲和尚を訪れた義公は、ともに寺の後にある稲荷山に登ったのである。そこから南東方向に見る潮来の街と周辺の風景は、空と水とを分かたぬほど茫々としたものであった。しかも「雨も奇、晴も好し」とある。

杭州の名勝西湖は一年を通じて美しいとされ、蘇軾《そしょく》の「湖上に飲す、初め晴れ後に雨ふる」という七言詩に、

水光瀲灩晴方好　　水光瀲灩《れんえん》として晴れて方《まさ》に好し

山色空濛雨亦奇
欲把西湖比西子
淡粧濃抹總相宜

山色空濛《くうぼう》として雨も亦奇なり
西湖を把《と》つて西子《せいし》に比せんと欲すれば
淡粧《たんしょう》濃抹總て相宜《よろ》し

とあることは、わが国でもよく知られている。蘇軾は春秋時代の美人「西子」をひき、雨の日も素晴らしく晴れの日も美しいと、西湖の美しさを褒め称えた。

長勝寺本堂

　しかし、稲荷山から見下ろした春秋の変化に富む潮来の風景は、義公にとって、西湖の美しさに勝るとも劣らぬものであった。さらには干満の差が大きいため、近くの波逆浦《なさかうら》は流れが激しく、時には音をたてている。ちょうどそれは、寺で行われる僧侶の読経の声のように聞こえたのであろう。

　平成二十二年（二〇一〇）四月のある日曜日、月末に行なわれる史跡巡りの下見にと、荊妻を伴って長勝寺を訪れた。この日は久しぶりに春の暖かさが戻ったこともあり、山門から本堂にかけての長い参道は、花吹雪が舞っていて見事であった。長勝寺庫裏《くり》に現住職谷玄明師を訪ねた。二十五日の日曜日同好の士で訪問したい旨お伝えし、義公との関係が深

源頼朝像

い寺なので史料などあれば是非見せていただきたい、と申し出た。忙しい合間を縫って、三、四十分ほど時間をとってくれるという。当日の案内を約し寺を辞した。

四月二十五日、玉造方面を見学したあと、同好の士十一名で午後一時過ぎ長勝寺を訪れた。約束の時間まで間があったので、境内を散策したり、芭蕉句碑や仏堂の周囲などを見て回った。二時ごろ庫裏に谷玄明師を訪ねた。間もなく師が現われ、筆者一行を方丈に招き入れてくれた。一行の中に久野勝弥水戸史学会副会長を認められた谷師は、「久野先生がおられるなら先生に説明をしてもらってもいいのですがね」などと軽い冗談を言われながら、奥から掛軸を二巻持って来られた。あらためて住職にご挨拶をし、寺についての説明を聞いた。内容はこうである。

今皆さんが座っているこの部屋は、光圀公をはじめ歴代の水戸藩主がお座りになった部屋で、義公がこの寺を復興された時まずこの庫裏を造ったらしく、次に仏堂、その後に山門などを引いて来て、元禄七年ころ今の姿になった、などと話しながら掛け軸を広げられた。

掛け軸の一本は源頼朝像であったが、見た瞬間義公の肖像画に見えた。誰かが「義公ですか」と声を掛けた。すると住職は、「いえ頼朝公です」と言われる。なるほど近寄って見ると、確かに義公ではないように見える。絵師は表絵師の筆頭格狩野洞雲《どううん》という。あるいは義公の面影がそこに投影しているのかもしれない。もう一本は烈公の筆になる扇面を表装した軸物である。夜になってこの寺を訪れた時の感懐を歌に詠んだものであった。

この時、筆者は前から気になっていた「遺愛亭」なるものの存在を尋ねてみた。『常山文集』「巻之十六」に「巫山《ふざん》一段雲」と題する詩があり、「題㆓長勝寺遺愛亭㆒」とある。義公は「亭是れ舊に依るといえども、人あらず則ち亡ぶ。海潮來り咽び海雲狂う、草木亦悲傷」と詠んでいるから、寺には遺愛亭なる建物があり、そこで今は亡き人物を偲んだのであろう。その人とは太嶽和尚かもしれず、遺愛亭は寺のうしろの高台あたりにあったろうか、などと想像していた。しかし師は「私も調べましたがよくわかりません」と言われる。すでに伝承は失われたのである。

一通り説明を終えたところで、「これから仏堂にまいります」と谷師。一行は一旦庫裏から外に出て仏堂に集まった。谷師に案内されるまま仏堂に入ると、義公が修復したという迦葉尊者像が目に入る。難行苦行の末に得られた、安心立命《あんしんりつめい》の境地にいるような表情が迫って来る。

一同が椅子に着席したところで仏堂の説明が始まった。「妙心寺派は本尊として釈迦如来を安置するのですが、この寺はご覧のように阿弥陀如来です。恐らく前の寺にあったものをそのままお祀りしたのでしょう」と谷師。堂内に入った時の最初の印象は、阿弥陀如来を祀る仏壇が非常に大きいということであった。さらに師は「御覧の通り仏堂の大きさに比べ須弥壇《しゅみだん》が大きいでしょう。須弥壇というのは仏教世界の中の仏の世界を表わしたものです」などと仏教世界の説明をされ、義公当時これだけの建物を造るには相当の苦労があったのではないか、と付け加えられた。

なるほど仏堂外側の柱をよく見ると、幾つかほぞが残っていたり、扉の支えがそのまま残されていることがわかる。他の建物からの転用を示すものであろう。費用を出来るだけ節約しながら寺は建てられ、維持され続けてきたのであろう。

説明を聞きながら仏堂の周囲に目をやると、今の世の中に欠けていることを言葉として伝えようと、住職自ら文章を作り壁に書いて貼っておられる。日頃から地元への教化活動を重視されているのであろう。話を聞きながら気付かされたのは、住職の人に対する真摯な対応と、言葉のはしばしに感じられる義公に対する敬意であり、それこそまさにこの寺が永年培ってきた歴史のなせる業であろう。約束の時間はとうに過ぎていた。檀家の方であろうか、寺は来客がひっきりなしである。まだまだ伺うべきことはあったが、きりのよいところで寺を辞することにした。短い時間ではあったが得るものは多く、一同爽やかな気持ちで長勝寺を後にしたのであった。

(二)　潮来石田家

『水戸史学』「七十二号」では潮来長勝寺について述べたが、その後、水戸史学会理事の梶山孝夫博士から、義公の潮来訪問の折の出来事について記した「藤枝家記」という史料に関する紹介文の提供を受けた。それによると、元禄十二年（一六九九）の義公潮来訪問の折、鹿嶋新当流を伝える藤枝五郎右衛門恒宣なる人物が、長勝寺において剣術上覧の栄誉を受け、さらに翌十三年（一七〇〇）には、二度にわたりお目見得があったという記録である。この冒頭の部分を引用すると次のようである。

元禄十二年己卯正月廿八日
水戸中納言様板久江御成、石田勘兵衛同助右衛門ニ
被仰付、鹿嶋新当流剣術御上覧可被為遊旨御召旨、
二月二日右両人ヨリ飛脚参候、同四日ニ参候外
申来候処ニ、又々三日夜中来候ハ、
佐原ニ御成付五日ニ罷上り候様ニ仰付候。
五日（午ノ日）早速罷上り其由申上候得ハ、
御殿せはき間、広所にて御上覧被為遊度由、
依之御庭ニて相勤可申旨上へ申上候得ハ、
大切之流儀庭ニて為相勤義如何と思召ニ而、
同六日（未日）長勝寺江御成則親子相詰候様ニ
近習衆被仰付相詰罷在長勝寺山門内ニ御通掛之御目見江、

昼九つ時首尾好相勤引込罷在候処ニ、
親無得を御召出、老人之義ニ候へは、相勤候場所
見セ申様ニと被仰付罷出相勤申場所見候而罷帰
罷在候処、無間罷出剣術、親子首尾好九つ半時
相勤申候。

そこで、元禄十二年中の義公潮来訪問の日程を見ると、一月十七日に水戸を出て小幡、紅葉、小川と進み、一月二十五日に玉造大場家「御殿」に入った。大場家には三泊し、潮来に入るのは一月二十八日である。二月四日、潮来から佐原の伊能家に行くが、その前後の行動については判然としなかった。しかし、この「藤枝家記」により、潮来での行動の空白部分をある程度明らかにすることができよう。この「藤枝家記」によれば、義公は、潮来の有力者であった石田勘兵衛と石田助右衛門に命じて、鹿嶋新当流剣術を見学すべく取り計らうよう指示した。演技は藤枝無得齋父子である。藤枝父子には、二月四日参上するようにとのことであったが、義公が急に佐原の伊能家に行くことになったので、五日に参上するよう変更があった。

そこで藤枝五郎右衛門恒宣が参上して申し上げると、御殿は狭いのでどこか広い場所において剣術を見たいと言われる。恒宣が庭で演じたいと申し上げると、義公は、大切な演技であるから庭などでは勿体ないとして、六日長勝寺に詰めているようにとの指示であったというのである。演技は長勝寺

境内で行われたものと思われる。武道に対する義公の姿勢が表われていよう。

演技の内容は「八ケ」、次に「七つ太刀」、次に「十二ケ条ノ太刀」の順で演じられたようである。義公は「無得ハ老人なから兼而手なれと相見へ、所作振さて〳〵」と褒め、「大義息もきれ候半」といって坊主衆にお茶を出すことを命ずる心遣いまであった。無事演技を終えて退出の後、「夜五つ時」御前に召して、「御紋付ノ御盃」を下さったとある。

その時に、「今日ハ大義、数年之願に大切の流儀見物思かはれたる」と述べ、「さて其方ハ兼而家中ニ縁も有之候得ハ家来同意ニ思心安」、「西山に草庵をむすひ居候間必参候様ニ」といいながら、義公自ら肴《さかな》などを取って五郎右衛門に与えている。武術の振興ということや五郎右衛門の父無得斎が老人であったということもあったろうが、それにしても、義公の人に対する思い遣りや懇切丁寧《こんせつていねい》な人柄が伝わって来るような記録ではある。

この後、五郎右衛門は宿である石田助右衛門宅まで帰り、翌七日になって江橋六助という義公側近までお礼の挨拶に行く。すると、暫《しばら》く控えているようにとの命があり、間もなくこの度の「御祝儀」として、父無得斎には「丁銀壱枚、塩引貳本」、五郎衛門には「絹壱疋」の品物が下賜されたとある。記録はさらに次のように続く。

元禄十三年正月五日、無得斎は昨年の誘いに応じて水戸にご機嫌伺いに出た。水戸着は翌六日、七日には献上品の鯉を持って西山荘を訪れる。義公にお目見得し「御のし」を拝領した後、お側医師鈴木宗与の案内で西山荘の山を残らず拝見後、大船津に戻ったのは十一日のことであった。同じ月の十九日、今度は義公が潮来を訪れたので、藤枝父子はご機嫌伺いに参上し鈴木宗与に申し置いたところ、お目見得を仰付けられ、お料理、お茶までご馳走になった。その上、二月四日の「帰御」の際には、無得斎に「白銀壱枚、塩引壱本」、五郎右衛門に「御殺生雁一」を、石田新右衛門を通じて下賜したとある。

四月十六日、五郎衛門は水戸にご機嫌伺いに到着したが、義公は法事があり二十一日に西山荘に帰る予定であった。そこで、二十四日に石田新右衛門同道にて参上し、二十五日早朝、お料理、お茶をご馳走になり、「お手つ」から「御のし」を戴き、五郎衛門も父同様「ぢまんの山」を拝見して退出した。

十一月になり、水戸城において能の会があるので無得斎親子に見せたいという義公の思し召しが、潮来の石田勘兵衛を通じ伝えられた。そこで、二十四日早速潮来に行き申し合わせ、二十八日に船で水戸に向い、二十九日水戸荒町の吉田惣兵衛に投宿、鮎沢伊大夫に到着の報告をした。ところが、義公はすでに体調が思わしくなかったのである、能は中止となり、五郎衛門は十二月四日に大船津に戻る。義公が薨去するのはその二日後、十二月六日のことであった。自らの一生を終えようとする間際まで人々の安否を気遣う、義公の広大無辺な心を感じさせる出来事である。

また、ここに名前が出てくる石田勘兵衛や助右衛門・新右衛門は、当時有力であった潮来の四氏のうちの一氏らしい。『潮来町史』を見ると、天和年間の庄屋として石田勘兵衛、元禄十一年（一六九八）の庄屋として石田助衛門の名が挙げられている。助衛門と「藤枝家記」の中の助右衛門が同一人物かどうかはわからないが、いずれにしても、義公時代庄屋を任された有力者の一人に間違いないであろう。

一方、『西山遺事俚老雑話』を見ると、「潮來村庄屋窪谷庄兵衛役義御免之事　付宮本平大夫等之事」という記事がある。その中の「附録」には次のような記述があるから、義公当時における潮来の有力者を知る上で参考になる。

　此村にいつ頃よりにや、代々年寄と称し來る家筋の者共有り。所謂、闕戸利衛門・同苗喜衛門・宮本平左衛門・同名平衛門・窪谷庄兵衛・同苗太衛門等也。石田新（右）衛門といえるハ、五十石被レ下、前々より之郷侍也。父ハ勘兵衛と称す。

これらの記述から、当時の潮来地方の有力者は、闕戸、宮本、窪谷、石田四氏であることが知られ、石田勘兵衛とともに仲介役をしている石田新右衛門は、親子であったことが判明する。

さらに『潮来町史』を見ると、元禄十二年の潮来庄屋は窪谷忠衛門であったことがわかり、藤枝父子を案内するとすれば、窪谷忠衛門が適当であるはずと思ったが、この記事で納得が行く。石田勘兵衛と石田助右衛門は郷侍の家柄であり、普段から剣術に親しんでいたと思われること、勘兵衛は元禄十一年の庄屋であったことなどから、石田勘兵衛らが藤枝父子の世話役にはふさわしかったのであろう。

その義公はといえば、潮来に来ると精力的に動いているという印象がある。西山荘に引退したばかりの元禄四年（一六九一）十一月十四日、母久昌院の法事を済ませて直ぐに潮来に向かう。十九日に西山荘を出立し、二十三日玉造大場家御殿に宿泊、二十四日潮来に入っている。

それから十日間ほど潮来に滞在するが、この間、二十六日には延方《のぶかた》から息栖《いきす》まで船で遊覧している。この時は辻村を出発し、大洲《おおす》新田、須賀、延方前、徳島、息栖前、二重谷新須、予助川《よすけがわ》と回って、潮来に帰っている。同月二十八日は長勝寺を訪れ、十二月一日になると徳島内浦に船を進め引網を見学している。潮来から西山荘に「帰御」するのは十二月七日夜、雪が降る中を徒歩によってであった。

この時の義公は、大洲にあったと思われる「御樹木畠」に立ち寄った可能性がある。それは『西山遺事俚老雑話』に、次の記事があるからである。

> 此新田高之内、畠方貳斗四升四合之地を除かせ候。貞享中より御樹木畠と称し、柑類を仕立さし置かる。これも則《チ》義公様之御時也。其種類ハ、紀ノ國蜜柑・白輪柑子・肥後みかん・八ツ代ミかん・有田みかん・薄《ス》皮みかん・九年母《くねんぼ》・橘樹なり。前々より庄屋持前にて手入をなす。

潮来の地には貞享年間（一六八四～八七）以降、義公が関心を寄せる植物栽培の実験用地があったのである。先に、ひたちなか市那珂川河畔の百色山《ひゃくいろやま》を取り上げ、義公が内外のさまざまな植物を植え、その成果を薬用や殖産興業に取り入れようとしたことを述べたが、潮来の地はその百色山よりも暖かく、柑橘《かんきつ》系の作物栽培を実験できる条件が整っていたのであろう。さまざまな種類の柑橘類を植え実際に栽培して、有用の作物として利用出来るように工夫している。その後この地の産業としてまでは発展しなかったが、潮来の家々にはその痕跡が残ったと思われる。百余年後、『西山遺事俚老雑話』の著者高倉胤明が郡手代として大洲新田の次衛門という者の家に宿泊した時、「ジャボン」という木があったということを書き留めている。柑橘類の一つであろう。

また、元禄九年（一六九六）になると、二月九日に湊を出、海老沢、小川、玉造を経て、十三日潮来に入る。この時は漁労を見たり、「おりく」という女中の夫の所に挨拶に行き、十七日には築地の妙光寺という日蓮宗の寺に行ったりしている。妙光寺では、近くの二本松寺から運ばれた史料を検分した。

元禄十一年にも義公が潮来を訪れていることは、『常山文集』「巻之十四」に長勝寺を訪れ、七言詩を詠んでいることからも確かめられ、この前後にも潮来巡遊の形跡は認められよう。しかし、最晩年の巡遊で目立つのは最初に述べた元禄十二年のそれである。

『常山文集』「巻之四」にはこの時詠んだ詩数首が載せられている。そのうち、石田邸に宿泊した時の五言詩はこうである。

予偶《たまた》ま潮來村を過《よぎ》り、石田昌長が宅に寓す。
庭に長松樹有り。磊《るい》砢《か》鬱《うつ》蓊《おう》千年の物なり。
予此の主人爲《た》るを羨《うらや》む。胡《こ》盧《ろ》。

羈宿石田宅　　羈宿《きしゅく》す石田宅
亭亭庭有松　　亭亭庭に松あり
倚陰忘九夏　　陰に倚《よ》れば九夏《きゅうか》を忘れ
凌雪秀三冬　　雪を凌《しの》いで三冬に秀づ
偃蓋來巣鶴　　偃蓋《えんがい》巣鶴來り
盤根驚臥龍　　盤根《ばんこん》臥龍を驚く
能持君子操　　能く君子の操《みさお》を持し
等受大夫封　　等しく大夫の封を受くべし

石田邸には相当古い松の老木があった。その松のもとに涼をとれば夏の暑さも忘れるほどであり、冬に雪が降ればその色を変えない青々とした姿は見る者を勇気づける。繁った枝振りには鶴が来て巣を作り、くねった古根は龍が臥しているかと驚かすに十分である。よく君子の操を保持して、大夫としての待遇を受けて欲しい、というような意味であろうか。かつて前著『水戸光圀の餘香を訪ねて』で、義公の五言詩「鵜飼千之、多湖直の江府に帰るを送る」があることを紹介したことがあり、その終句は、「剛節歳寒の色、岡上松孤存す」というものであった。松の木の青々として色を変えない姿は、武士が節義を堅く守ることの譬えとしてよく使われるが、義公もしばしば引用していることが知られよう。さらにいえば、石田昌長への期待を松に言寄《こと》せて詠んでいるとも考えられよう。

また、冒頭に紹介した「藤枝家記」の中の石田勘兵衛・石田助右衛門が鹿島新当流の演技に立ち会っていたことや、石田邸での詩が武士の節義に関する内容のものであることから考えると、この五言詩中に登場する石田昌長は、石田勘兵衛・助右衛門・新右衛門のいずれかであると考えられる。

また、この時の潮来訪問では、二月四日に佐原の伊能家を訪れたことが知られ、その時のものと思われる五言詩が石田宅を訪れて詠んだ詩のあとに続く。

潮來棹小舟　　潮來小舟に棹《さお》さば
波上士峰浮　　波上士峰《しほう》浮ぶ
飽滿長汀腹　　飽滿たり長汀の腹
高擡老子頭　　高く擡《あ》ぐ老子の頭
送寒風萬里　　寒を送る風萬里《ばんり》
閲歳雪千秋　　歳を閲《けみ》す雪千《せんしゅう》秋
自入宋濂曲　　宋濂《そうれん》の曲に入りてより
移人三國尤　　人に移りて三國に尤《ゆう》なり

時はまだ春浅い二月初め、佐原道中での詠である。大久保錦一氏編著『水郷の文学散策』を参考に解釈すると次のようなことになろうか。

潮来から佐原に舟を漕ぎ出せば湖上を吹き渡る風は冷たく、はるか彼方には富士が白い雪を頂いて見える。打ち続く汀《みぎわ》は飽きるほど長く、屋形から頭を出して周囲を見渡すと、川面を渡る風はまだ冷たく年を越した雪はいつまでも溶けない。舟のすさびに宋濂が作った曲を歌い出すと、それをきっかけに周囲に広がり、船中大いに盛り上がったことであるよ。

まさしく波逆浦《なさかうら》を渡り、舟で佐原に向かって行く時の五言詩であろう。ただ、この詩の題は「二月十四日佐原道中」とある。「十」は余計である。この時の帰路を見ると、義公は十三日すでに海老沢まで戻っており、十五日には湊御殿に入っていることが明らかである。「十四日」が正しいとすれば、この詩は元禄十二年に詠まれたものではなく、元禄九年二月十四日に詠まれた可能性があるかもしれない。いずれが正しいのか、筆者はこれを判断する材料を持ち合わせてはいない。しかし次の「舟中偶作」はこの時のものと考えられるから、「十四日」としているのは日時の間違いであろうか。「舟中偶作」の五言詩はこうである。

常陽波逆浦　　常陽波逆浦《なさかうら》
壮観甲東關　　壮観東關《とうかん》に甲《こう》たり
微動風紋浪　　微かに動いて風浪を紋《あや》にし
半消雪綵山　　半ば消えて雪山を綵《いろど》る
築波築水上　　築波《つくば》水上に築き
浮島浮雲間　　浮島《うきしま》雲間に浮ぶ

環景黏行客　　環景《かんけい》行客を黏《ねん》し

止舟不許還　　舟を止《とど》めて還るを許さず

波逆浦に舟を漕ぎ出してみれば、森羅万象すべてその中にあるがごとくである。はるか彼方の筑波の峰は、頂に雪を残しながら水面にその影を止めており、浮島はうっすらと霞の中に浮んでいる。この何ともいえない景色を飽きることなく眺めていると、おのずからその中に溶け込んでしまい、帰ろうなどという気持ちにはなれないものだ、というような義公の心情が吐露されていよう。

筆者も何度か土浦から潮来方面を訪れ、霞ヶ浦湖上から船で筑波山を眺めたことがあるが、筑波山頂に月がかかった夕暮れ時の景色や、朝もやの中に男体女体の二峰がうっすらと浮んでいる姿はまさに絶景、潮来周辺を回遊する文人墨客が多かったのも、けだし当然であったろう。ましてや漢詩をことする義公のことである。山あり島あり、雪あり水ありの風景は、絶好のテーマとなったであろう。潮来付近の水郷に遊んでみれば、最晩年の義公がしばしば巡遊しているのもなるほどと頷ける。

ここまで書いて気になっていたことを思い出した。『義公史蹟行脚』「鹿島神宮」に出てくる次の記事である。「次ぎに澄宮殿下御用係東胤徳氏の遠祖東胤貞の筆に成れる文書を見る」として、

（前文略）元禄十二年二月五日依水戸西山從三位前中納言光圀君御懇望、余執奏潮來長勝寺、八箇七太刀十二ヶ條入正覽、殊於干蜻蛉之太刀並懸聲、在御感之御褒美、父子御目見御盃頂戴其後父子銀子江巻物等拝授神鑑政昭焉。（下略）

延享乙丑年夏六月望月　　東胤貞

とあることである。

元禄十二年二月五日、鹿島神宮神官の東胤貞が仲立ちをし、長勝寺境内において「八箇七太刀十二ヶ條」の演技を義公にお目にかけたという記録である。東胤貞が元禄十二年から四十六年後の延享二年（一七四五）六月に記録したのが右の文章で、胤貞はこの時八十歳を越えていたという。「藤枝家記」中の二月六日とは一日の違いはあるが、それは胤貞の記憶の混濁とも考えられ、まさしくこれは冒頭に取り上げた藤枝父子の演武を記したものであろう。この演武で使用されたのが「蜻蛉之太刀」であり、藤枝父子の掛声がまた素晴らしいものであったので、義公はいたく感心し、お褒めの言葉をかけたとある。その後父子にお目見得を許し、盃をとらせ銀子などを与えているとあるのを見れば、「藤枝家記」とほとんど符合していると考えてよい。ただ、『義公史蹟行脚』では「飯田君」なる人物が、「文中の父子とは吉川常明の事です」といったということを記しているが、これは誤りであろうと思われる。

梶山博士は「この小冊子は藤枝五郎右衛門が作成し、それを嘉永七年に吉川仲之助が筆写したものである」と記しておられるから、恐らく藤枝家の記録が複写され代々吉川家に伝えられたものがあったので、後世この「二人」が吉川家の先祖のことと混同されたのであろうと筆者は推測する。吉川家も鹿島新当流に関係していたのであろう。それにしても、長勝寺での出来事について、二つの史料が結び付こうとは全く予想だにしていなかった。あまりの偶然さに驚いたが、事実を正しく記録するということの重さを痛感した。

その石田邸は潮来の地に今あるのだろうか。あるなら是非訪問して義公時代の松の木を見たいものだと思いながらいたところ、潮来には八人衆が合議によって物事を決め、その内の一人が庄屋に任ぜられたという記事に出会った。石田氏はそのうちの四丁目をまとめていたという。そこで潮来の市街地図を図書館で探した。四丁目付近の石田という姓の家を探すと二軒あった。

八月下旬、石田邸を訪問するため潮来に向かった。一軒目は熊野神社の御旅所《おたびしょ》といわれる近くにあった。訪れてみると「石田工務店」とある。店の門を叩き名刺を差し上げて訪問の目的を話した。出てこられた夫人に名刺を渡された。「建築士アドバイザー　石田敏江」とある。いろいろお聞きすると、「ここは、かつては川だったところを埋め立てた土地です」「家は三代目でそう古くはありません」などと言われる。また「古い文書があるので見て下さい」といいながら、数冊の書類を持ってこられた。開いてみると俳句集や俳画を編集したものである。しばらく俳諧などについて話をしたあと、石田家を辞すことにした。石田さんは別れ際に、「今日は暑いのでこれを持って行って下さい」とスポーツドリンクを下さった。外は暑く、三十五度以上はある。熱射病に備えなくてはと有難く頂戴して、石田邸を辞した。

続いてそこから北方向にある次の石田邸を探しに行く。地図で見ると「石田功」と出ている。「セ

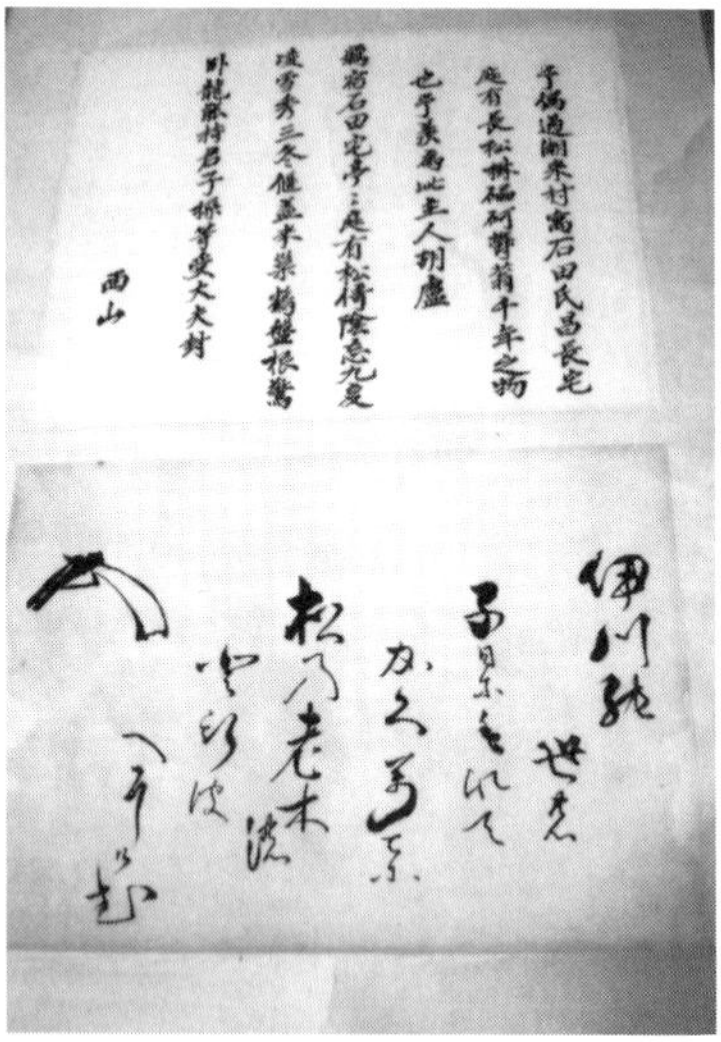

義公詩と烈公和歌

イミヤ」というスーパーマーケットがJR鹿島線の高架橋近くにあった。ちょうど昼時でもあったのでそこで昼食を買い、道路を挟んだ駐車場で食事を済ませた。それからおもむろに石田邸を探す。高架橋に沿って行くと石田邸に突き当たるはずであるが、細い道を行くと行き止まりである。もとの道に戻り、次の角を北に入る。かなり細い道で両側は人家が密集しており、これこそ旧道であろうなどと考えながら行くと、「石田」という表札が目に入った。

玄関に立ち声をかけると、夫人が出てこられた。「水戸黄門様が来られたという石田家を訪ねている者ですが、こちらはその石田さんでしょうか」というと、「そうです。いま主人を呼んできます」といわれ奥に入られた。直ぐに現当主の石田功氏が出てこられた。名刺を差し出して訪問の目的を告げた。「それならどうぞ上がって下さい」という。遠慮なく上がらせていただく。義公の五言詩について尋ねると、掛軸を出してこられた。それには、すでに述べた義公の石田邸「長松樹」を詠んだ五言詩と、烈公斉昭が石田邸で詠んだという和歌、

いつの世のね子の日にもれてかくまてに松の老木の年はえにけむ

が書き連ねられていた。「私が二三歳のころ潮来には大火がありまして、このあたりはほとんど焼けてしまいました。だからどの家もほとんど何も残っていないでしょう」と功氏はいわれる。この軸装はそれ以後の写しであろうか。さらに「この鐙《あぶみ》は光圀公から戴いたという言い伝えです」と功氏。見ると床の間に、立派な鐙がガラスケースに入れ飾られていた。石田家の家紋である桔梗紋が入った優品である。「いま残っているのはこれだけです」ともいわれる。また、「こんなもので良かったら参考にして下さい」と功氏は書類を持ってこられた。

手に取ってみると、その一部は石田家の世系である。「石田家はもともと土岐氏です。これを見ればわかりますが、石田丹後守昌長というのが始祖です。江戸崎城主土岐治剛が佐竹との合戦に敗れたあと、一族が潮来に落ち延びて土着し、石田を名乗るようになったそうです」「近くの淨国寺の開基は石田丹後守で、境内には墓石が五六十基建っていますよ」などと功氏は説明して下さっ

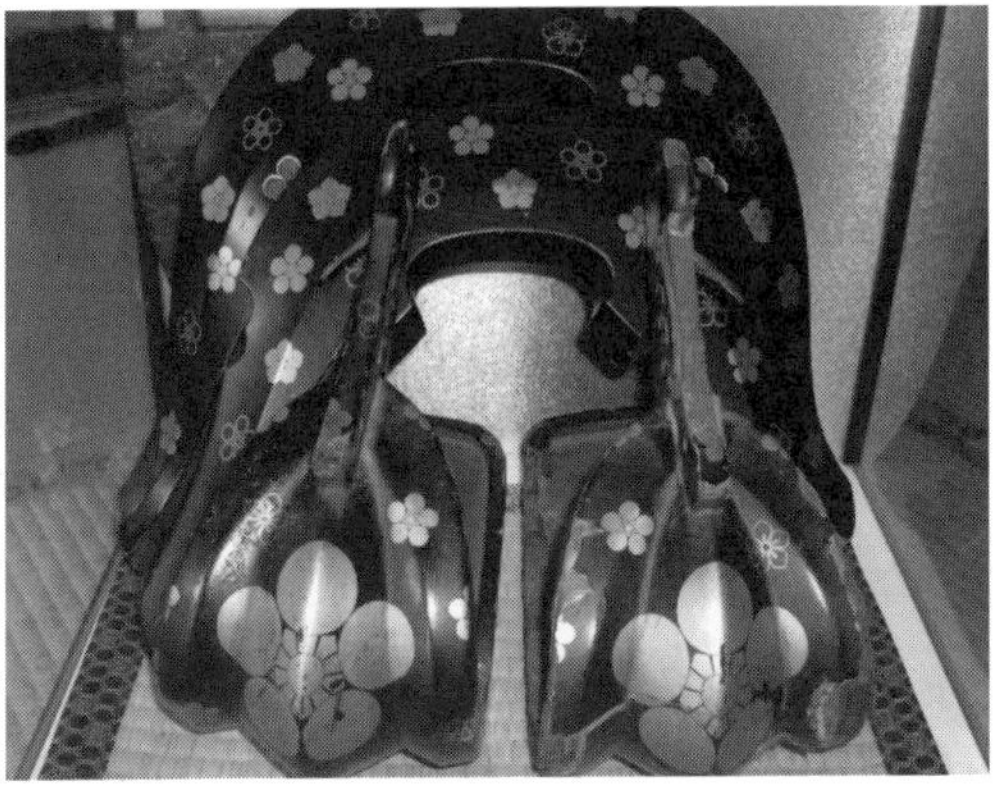
義公拝領と伝える鐙

石田家玄関

た。さらに、「系図書きのもとになっているのがこの位牌でしょう」といいながら、位牌を持ってきて見せて下さった。最初の方を付き合わせると間違いはない。「その系図書きをどうぞお持ちになって下さい。お貸しします」と言われる。ついでにその他の史料も貸して下さるという。時間のこともあり、遠慮なくすべて借用することにして、この日は石田邸を辞した。帰り際に石田邸玄関付近の写真を撮る。かつての長松樹はないが、高野槙《こうやまき》の古木が玄関の入口に長い枝を伸ばして生えている。他にも古木が数本みられ、家のたたずまいに趣を添えていた。

　この日の車の外気温メーターは三十七度を指し、体のだるさを覚えた。しかし、石田邸を探し当てたうえ史料まで借りられたので、急いで那珂市の自宅を目指した。帰路は潮来から県道一八四号線を北上し、鉾田市を抜ける。鉾田から国道五一号線を水戸まで行き、そこで国道六号線に乗り換え自宅に戻った。片道約二時間の行程であった。

　自宅に戻り、早速借りてきた系図を検討する。初代は丹後守昌長《まさなが》、以後第十八代功氏まで書き連ねである。義公時代はといえば、五代大学昌一《まさかず》、六代孫兵衛昌氏《まさうじ》、七代勘兵衛昌長、八代新右衛門昌行《まさゆき》が該当しよう。とすれば、五言詩中の石田昌長は勘兵衛と同一人物、新右衛門はその子昌行と判明する。その七代勘兵衛のところには、

元禄二己巳年八月二日依新田開発緒所等之功以源公命初為郷士賜（略）

延享二乙丑年十月二日没享年九十五

などとある。

元禄二年（一六八九）八月二日、勘兵衛昌長は新田開発などの功績により、義公から郷士を賜わったのであろう。歿年から逆算すると、勘兵衛昌長は当時五十六歳、人生で最も充実した年齢にさしかかっていた時期であったと思われる。ちなみに義公はこの時六十一歳。昌長より五つ年長であったがそれほど年の差はなく、話にも共通した何かがあったろう。昌長の亡くなるのがその四十年後、九十五歳の高齢であってみれば、この時の元気さはまた格別であったに違いない。その昌長がこれからの民政にどれほど貢献出来るか、先の「長松樹」の五言詩を味わえば、義公の期待には相当大きなものがあったように感じられる。しかし、流石の「長松樹」も寄る年波には勝てず、天保十一年（一八四〇）十月二十四日、激しい風雨に引き裂かれて倒壊したことが宮本茶村の詩中に見られるという。

その石田家からは有為な人材が出ている。十五代の潤之助邦景は、明治二十二年（一八八九）、初代潮来町長を務めた名士であり、その後乞われて久慈郡袋田村長を歴任し、明治四十年（一九〇七）、再

び第四代潮来町長として腕を振っている。近くを流れる石田川は、その潤之助が住民のために開削したものである。相当な人望があったという。

十六代は邦鎮といい、皇宮警察に勤務したあと地元に帰り、素鵞熊野神社社掌を勤めた。現当主の功氏は永年警視庁に奉職され、退職後は鹿島の清真学園で剣道を教え、後進《こうしん》の指導にあたって来られた。その時の校長は、水府流泳法の大家荒川汪《ひろし》先生であったという。荒川先生は筆者の中学時代の恩師でもあり、この時の石田家訪問は何か不思議なご縁を感じさせるものであった。功氏は今も地元の中学校などで、剣道を通じ若者の心身の鍛錬に携わっておられるという。人は代り時代は移っても、石田家の人々は世の中に向け祖先の精神をしっかりと発信し続けられている、ということをまざまざと実感させられた。

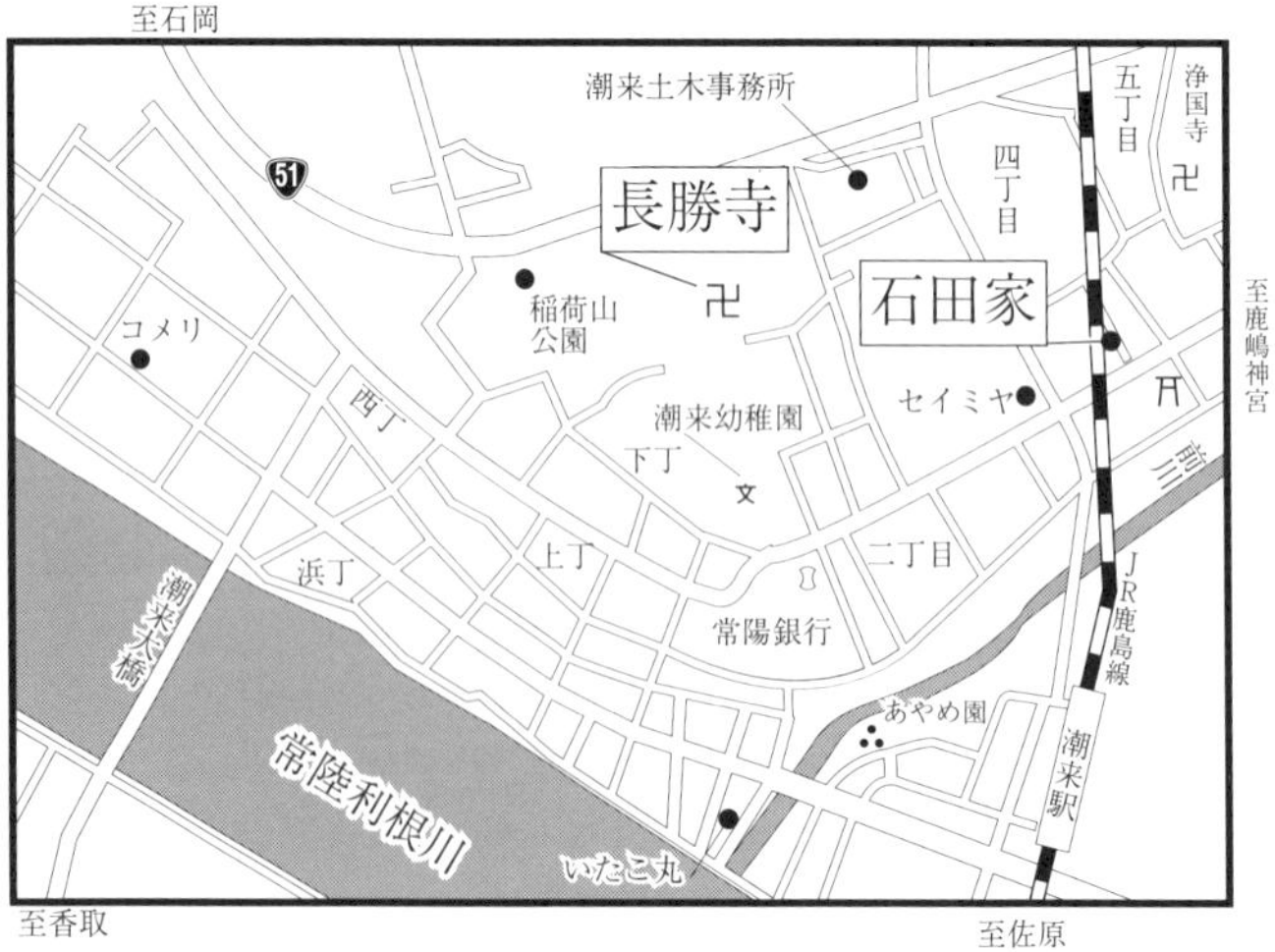

かすみがうら市

宍倉杲泰寺

元禄九年（一六九六）十二月、義公は西山荘を発《た》って南領方面に向かっていた。行く先は現在のかすみがうら市宍倉《ししくら》にある杲泰寺《こうたいじ》である。この方面を巡視する時は西山荘から水戸城に入り、そこから那珂川を舟で下って那珂湊に出、さらに涸沼を舟で行く。涸沼の海老沢河岸に上陸して陸路小川方面に進路をとり、小川からさらに舟に乗り各地に行くのを通例とする。恐らくこの時も、そういう進路をとったものと思われる。小川から現在のかすみがうら市井関に舟で渡った義公は、宍倉という所まで歩き、そこにある杲泰寺《こうたいじ》を訪れた。十二月八日のことである。

『水戸紀年』には、

西山公宍倉村杲泰寺ニ至テ住持朴巌ニ見玉フ朴巌屢詩歌ヲ献ス　公モ和答シ玉フ

とある。

杲泰寺は山号を陽広山といい、道元禅師が鎌倉時代に開いた曹洞宗に属する禅寺である。文亀三年

（一五〇三）、宍倉城主菅谷壱岐守《いきのかみ》が寺地を寄進し、下野国大中寺《しもつけのくにだいちゅうじ》の桂庵和尚が開山したという。寺は山の南向き斜面に建ち、菱木《ひしき》川が寺の直ぐ前を流れる。今は川に沿って水田が広がっているが、当時は川幅もさらに広く、一面湿地帯であったかもしれない。寺の南側は菱木川を挟んで緩やかな丘陵をなし、一幅の絵を見るような景勝の地である。今でもこの地に立てば、いかにも俗塵を離れた感がするから、義公の時代にあってはなおさらであったろう。

『常山文集』「巻十三」には、その時詠んだ七言詩が載せられている。

　呆泰寺即興、朴巖《ぼくがん》師に示す

偶遊宍倉呆泰寺　　偶《たまたま》遊ぶ宍倉呆泰寺

喜逢季冬日二四　　喜び逢ふ季冬日二四

問師過去七佛陀　　師に問ふ過去の七佛陀

復出人閒悟底事　　復た人閒《じんかん》を出て底事《なにごとぞ》悟る

詩中「季冬二四」とあるのは、十二月八日のことであろう。この七言詩からは、義公が朴巌和尚に逢うことを楽しみにしている印象を受ける。朴巌和尚の評判を聞いており、逢うことを楽しみにしていたからであろうか。また同時にここは、「只管打坐《しかんたざ》」が教えの曹洞禅の道場である。悟《さとり》の本質について和尚に問うことがあったのであろうか。翌日になると朴巌和尚から義公にまた詩一章が寄せられ、それに対して義公はさらに次の七言詩で応じたらしい。

臘《ろう》八偶々杲泰寺を過《よぎ》る。禪談茗話《めいわ》。
翊日《よくじつ》朴巖長老絶句一章を投ずるを見る。
和して答ふ二首。

寺古山高一徑深
幽情閒適屬登臨
堂前元有長松樹
世上安危質道林

寺古《ふ》り山高く一徑深し
幽情閒適《かんてき》登臨に屬《つづ》く
堂前元《もと》長松樹有り
世上の安危《あんき》道林に質《ただ》す

曹洞源流岸岸深
仰高日月法光臨
山頭風唱貝多葉
天外雲香薝蔔林

曹洞の源流岸岸《がんがん》深し
高く日月を仰いで法光に臨む
山頭風唱す貝多葉《ばいたよう》
天外雲香る薝蔔林《せんぷくりん》

杲泰寺を訪れてみればそこは小径を深く入った静寂の地、寺はいかにも古《ふ》り、人跡も絶えた奥まったところにある。住持としばし談論し、政《まつりごと》の適否を禅林に質したというのである。この時、義公には心にかかる何かがあったのかもしれない。二首目の「貝多葉」とあるはパルミラ椰子という植物の葉のことで、インドでは経文《きょうもん》をこれに書き記したので経典を意味する。「薝蔔林」は花の香りの良いクチナシの木をいうのであろう。この寺が曹洞本然の戒律を守り、荘厳のうちに日々の勤行が営まれている様子が窺えよう。

『出島村史』を見ると、杲泰寺の記録に、

元祿中當時八世朴巖和尚碩徳ノ聞エ高ク水戸中納言光圀公深ク皈衣《きえ》セラレ公ノ駕ヲ枉《ま》ケラレタル際、師ト禪談ノ詩文アリ（以下略）

とある。さらに『出島村史』は、『日乗上人日記』中、元禄九年二月十二日に義公一行が杲泰寺を訪れていることが見えるから、杲泰寺の記録で十二月八日としているのは二月十二日の誤りであろう、としている。

しかし七言詩には、「臘八偶々杲泰寺を過る」という詞書がある以上、義公が十二月八日にここを訪れ詩を詠んでいるという事実は動かせない。また『水戸紀年』などの史料からも、十二月中に玉造・宍倉方面を訪れていることが確かめられる。要するに義公は、元禄九年には二月と十二月の二度宍倉方面を訪れた、とするのがよいであろう。元禄九年二月にこの地を訪れたことについては、「玉造大場家」のところで詳細に述べた。

『日乗上人日記』元禄九年二月十二日の条には、

今日は小川より御舟にめす。井石と哉覧《やらん》に御舟さしとめて寺々御覧ありし。それより山つたいに三里ばかりもゆきてし丶くらといふ所にて、孫七殿親類の所にて御そばきり上る。及暮て御立、あしきといふ所にて御舟にめす。亥の刻斗に玉つくりという所に御宿ありて御宿也。

とある。

義公一行は西山荘から現在の小美玉市小川まで出、小川から霞ヶ浦を舟で渡る。「井石」という所に上陸し、山伝いに三里ほど歩いて宍倉に着いた。宍倉の「孫七殿親類の所」では、そば切りを食べたことが記されている。「孫七殿親類の所」が一体どこであったか筆者には判然としなかったが、『出島村史』を見てわかった。『出島村史』の中の「出島巡遊の光圀」の項で、「つぎに示す安食竹内家の資料（光圀下賜と伝えられる盃の箱書）によって天王町松延四郎左衛門宅と考えられる」とし、盃と箱書きの写真を載せている。箱書きの文章は次のようである。

惟教延詮トモニ
黄門様御成ノ節完倉《ししくら》
松延宅ノ於御旅館御盃
拝領ス御自御恵被下右ハ
御座敷え被召出義也
完倉松延四郎左衛門宅ニ而

冒頭に記された「惟教延詮」は人名で、惟教と延詮の親子であるという。すなわち宍倉を訪れた義公は、松延四郎左衛門宅に休息して「そばきり」を食し、そこで竹内惟教父子に盃を下賜したのである。これを名誉とした竹内家の子孫が盃を大切に保存し、今に至っているということなのである。

しかし、元禄九年二月に義公一行がこの地を訪れた時、杲泰寺を訪れたかどうかはいずれの史料からも窺うことは出来ない。義公が朴巌和尚について何か知り得たことはあったかもしれないが、両者が逢うことはなかったであろう。やはり義公が朴巌和尚と相見《あいまみ》えたのは、十二月が最初であったろうと思われる。

『常山文集拾遺』には、同年十二月の訪問の時に詠んだと思われる七言詩が載せられている。「杲泰寺即興、朴巖師に示す」という詞書がある七言詩はこうである。

摘景乗興訪蕭寺　　摘景《てきけい》興に乗り蕭寺《しゅくじ》を訪ふ
禪談茗話美弁四　　禪談茗話《めいわ》美四つを弁《か》ぬ
境閑暫得半日閑　　境閑暫《きょうかんしばら》く得たり半日の閑
抖擻人間塵世事　　抖擻《とそう》す人間塵世《じんかんじんせい》の事

蕭寺《しゅくじ》とあるのは、梁《りょう》の武帝の姓蕭氏による。仏教を篤く信じた武帝は、その姓である蕭を寺に名付けたので、それより寺の通称となったという。義公が景色に見とれながら寺を訪れると、朴巌和尚が出迎えた。ともに茶を啜《すす》りながら禅談に及ぶ。二人の会話には間然するところがなく、以心伝心その教えを伝えるという禅の境地を味わうようであった。静閑なこの寺を訪れた義公には、俗世間の煩わしさをすっかり洗い流したような心地がしたのであったろう。

杲泰寺での朴巌和尚との邂逅は、義公にとって期待した通りのまたとないよい出会いであったが、朴巌和尚にとってもまた同様であったろうと思われる。というのは、『常山文集』「巻十五」を見ると、次のような詞書が付けられた七言詩三首を見るからである。

　杲泰寺朴巖和尙余の山荘を過《よぎ》る。清茗壹筐《せいめいいっく》連珠三章を攜え贈らる。茶を啜《すす》り詩を嚼《しゃく》し口に甘美を生ず。將に芳韻に贅《ぜい》せんとす。恐るゝは珷玞《ぶふ》玉に雜はるを、和尙の琢磨を講《こ》ひて視《しめ》す

この詞書から推測すると、杲泰寺の朴巌和尚は宍倉からはるばる西山荘を訪れたが、手土産に茶を一箱携えて行き、西山荘で詩三首を詠んだのである。義公が杲泰寺を訪れたことへの返礼の意味もあったであろうか。そこで再び茶を啜《すす》りながら禅談に及んだのであろう。先に義公が訪れた時の禅談の続きであったのか、それともなにか新しい話題であったのか、それは知る由もない。しかし、お互いに気心が通じ合う間柄であったことは、詞書に続いて、七言詩が三首載せられていることからも知られよう。三首ともに同様の意趣と思われるので、冒頭の一首を掲げよう。

　自吹活火手親煎　　自ら活火を吹き手親《てみずか》ら煎《に》る
　折脚鐺中雪乳鮮　　折脚鐺中雪乳鮮《せっきゃくとうちゅうせつにゅうあざや》かなり
　茗話爐談情莫逆　　茗話爐談《めいわろだん》情逆《さから》ふる莫《な》し

座闌共味趙州禪

座闌《ざらん》共に味ふ趙州《じょうしゅう》の禪

珍客をもてなすため義公自ら火をおこし茶を煎れる。折脚の上の茶釜の中は湯が沸騰し、盛んに白く泡立っているのであろう。早速茶を煎れ、共に囲炉裏に対座しながらあれこれ炉談に及ぶと、以前にも増して気心が通じあうのである。談たけなわの頃、思わず義公の口から七言詩がついて出た。この場のやりとりは、あたかもシナ唐代の禅僧であった趙州従諗《じょうしゅうじゅうしん》のいう以心伝心の禅のごとくである、という意味であろうか。

趙州従諗は唐時代の禅の高僧で、その言動は『無門関《むもんかん》』や『碧巌録《へきがんろく》』などの禅書に多く載せられ、わが国でもよく知られている。義公もこれらの禅書を愛読していたのであろう。

その杲泰寺を訪れてみようとばかりに思い立ったのは、寒さが厳しい平成二十二年（二〇一〇）正月のことであった。『日乗上人日記』にもあるように水戸から海老沢に出、小川を経て、霞ヶ浦対岸の井関に行こうと考えた。母がデイサービスに行くのを見送り、国道六号線から酒門五差路を左折、茨城町石崎を抜けて海老沢を目指す。県道五〇号線を南下するルートである。途中鉾田市大和田で巴《ともえ》川《がわ》を横切る。江戸時代は対岸の吉影《よしかげ》と共に水運で栄えた要地といわれる。更に県道一四号線に迂回し、野田を通って今は廃線となった鹿島参宮鉄道を横切り、玉里《たまり》の高浜神社に出た。

『常陸風土記』でも知られるこの神社付近は古代の要地であり、万葉の時代の有様を髣髴《ほうふつ》とさせるたたずまいで今に至る。参拝を済ませ神社周辺を散策していた時、いきなり空が曇り霰《あられ》が降ってきた。

白い霞が辺り一面に降り敷き、神社は白い絨毯《じゅうたん》を敷いたような神秘的な光景になった。思わず、

　霰降り鹿島の神を祈りつつ皇御軍士《すめらみくさ》に我は来にしを

という万葉集の東歌が浮かんだ。歌は筆者の住む旧那珂郡から出た、大舎人部千文《おほとねりべのちふみ》の詠んだものである。千文が家族と別れを告げ、防人《さきもり》として常陸の国から九州に向かう時の情景も、ちょうどこのようなものであったろうか。この和歌が、実景そのものを詠んだ歌であったことを確信した。

間もなく晴れ間がさしたので、近くの愛郷橋を渡り、先を急ぐことにした。霞ヶ浦を西側から巻いて小川対岸の井関を目指す。舟で渡るとすれば二キロメートルほどの距離であろうか。義公は井関に上陸し、宍倉に向かったのである。井関から宍倉までは、この地域特有の複雑に入り組んだ地形の中、アップダウンの細い道路を歩いたものと思われる。

目指す杲泰寺は、井関から県道一一八号線を東行し、志士庫《ししくら》小学校を過ぎて少し行った、馬場というところを右に下りたところにある。比較的人家が多いので、細い道路を下る寺の入り口はわかりづらい。入口からやや下りると、左手に杲泰寺が見える。山門の下の駐車場に車を止め急な階段を上がると、立派な山門がある。更に階段を上って行くと、大きな本堂が姿を現わす。本堂前には石碑が三つ建ち、その中の小さな一つに、義公がこの地で詠んだ和歌が刻まれていた。『出島村史』を見ると、杲泰寺には大きな松があったことが記されているが、和歌はその松を詠んだものであったらしい。しかし今はその松も枯れてしまったらしく、その姿は全く見当たらない。

杲泰寺山門

本堂右手奥にある庫裏《くり》を叩き案内を乞うと、玄関から住職が出てこられた。現住職は牛久保倫昭師といわれる。訪問の趣旨を話し、寺と義公の関係などについて説明を願うと、客間に案内された。そこで牛久保師にいろいろとお聞きする。寺は火災に遭ったこともあり、ほとんど当時のものはないと言われる。ただし、「寺としてとても大事に守ってきたものがあるのでお見せします」と言いながら、牛久保師は本堂に行き、そこから箱を二つ持って来られた。箱は相当古く墨書は見づらいが、「陽廣山杲泰禪寺現住朴巖叟」とある。

まさしくこれは義公時代の住職、朴巌禅師の持物に違いない。すると中のものは禅師に関する何かであろうと、心弾ませて開いてみた。巻物が出てきた。少しずつ開いてゆくと、いきなり「元禄九丙子年十二月八日」の文字が目に飛び込んできたのは驚きであった。続いて「杲泰寺即興」の文字。冒頭に書いた『義公全集』中の「偶遊完倉杲泰寺、喜逢季冬日二四」で始まる七言詩が記されている。これは義公の訪問を受けた朴巌和尚が、その時の和歌や漢詩のやりとり一切を記録し、将来に備えておくことをはかったものなのである。まさしく寺にとっての宝物として、代々大切に受け継がれて来たものと見た。

この巻物により、義公と朴巌和尚の漢詩のやりとりの背景が判明した。義公「杲泰寺即興」の七言詩の後には、朴巌和尚の七言詩が次のような詞書とともに添えられている。

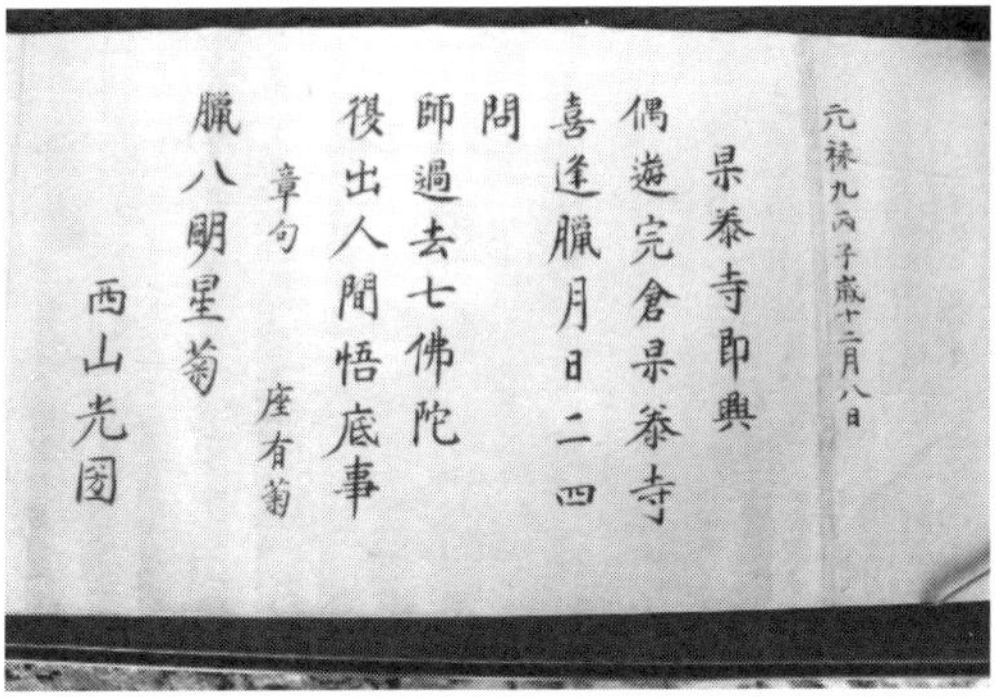

杲泰寺記録（義公「杲泰寺即興」詩）

季冬《きとう》八日、西山老台《ろうだい》の君高駕《こうが》を野寺《やじ》に枉《ま》げらる。
雀躍《じゃくやく》の餘り謹んで俚詞《りし》一篇を賦し、執事下に奉る。

路斜郊外寺猶深　　路斜《ろしゃ》郊外寺猶ほ深し
何幸徳星得照臨　　何たる幸徳《こうとく》星の照臨を得たるを
献納驅馳携敝箒　　献納驅馳《くち》敝箒《へいそう》を携さへ
風霜時布一山林　　風霜時に布《は》く一山林

「寺古《ふ》り山高く一径深し」と義公が答えた朴巌和尚の詩とは、この「路斜《ろしゃ》郊外寺猶ほ深し」の七言詩に対してであったことが判明するのである。義公の突然の訪問を受けて朴巌和尚の喜びは言葉に尽せないものがある。西山老公の仁徳は、この山深い禅寺にも伝えられていたことは間違いない。その老公はどのようなお方であろうか。お迎えするにはとりたてて何もないが、最大限心のこもったお迎えをせねばなるまい。一日の業すべてこれ修行とする曹洞の教えの寺である。筆者には、自らも箒を持って掃除する気持ちで老公を迎えようとする、朴巌和尚の心の高揚さえ感じられる詩である。

さらにはこの後、朴巌和尚が西山荘を訪れた時、義公が七言詩三首を示したと書いたが、両者が詠んだと思われる詩三篇とその日時も明らかとなる。日時は恐らく翌元禄十年（一六九七）六月二十六日と思われる。朴巌師の七言詩にもやはり詞書があり、「唐茗一函」と「連珠三首」を奉ったことがわかる。「連珠三首」の七言詩の一はこうである。

金瓶活火發新泉　　金瓶《きんぺい》活火新泉を發す
聽松風止隱几眠　　松風を聽き止めて几《き》眠《みん》を隠す
濃味何曾在多盞　　濃《だ》味《み》何ぞ曾て多盞《たさん》在らん
淡茶欲試自先煎　　淡茶を試んと欲し自ら先ず煎る

「連珠三首」は句それぞれに同韻を踏んでいることはいうまでもない。こうしてみると、両者は義公の杲泰寺訪問以来急速に親しくなり、信頼し合ったことは間違いない。その証拠とでもいうべきものがこの寺に残されていた。牛久保師が「このようなものもあるんですよ」と言いながら見せて下さった書簡がそうである。確かに義公の筆跡のようである。宛先は大中寺石牛大和尚であり、二月十九日とある。内容は杲泰寺についてである。牛久保師の許しを得てデジタルカメラに収めた。

書簡を納めている小箱には箱書きがあり、

水戸中納言様ヨリ大中寺候書一封則石牛和尚ヨリ付仕候

とある。

帰宅してから『義公全集』の中の「義公書簡集」を見ると、大中寺石牛《せきぎゅう》大和尚宛の書簡が一通あった。デジタルカメラのデータをプリンターにかけ印刷してみると、まさにこの一通である。文章はこうである。

未だ芝眉《しび》に接するを得ず、久しく芳風を聞き、年來の渇望此事に候、
幸い杲泰寺境地開拓の義に就き、示諭《じゆ》に預り、反覆奉讀、誠に丁寧の至り、
面晤《めんご》の情を起すの已み、申謝を爲すこと此の如きにて候、恐々頓首

二月十九日　光圀

大中寺

石牛大和尚

猊座下《げいざか》

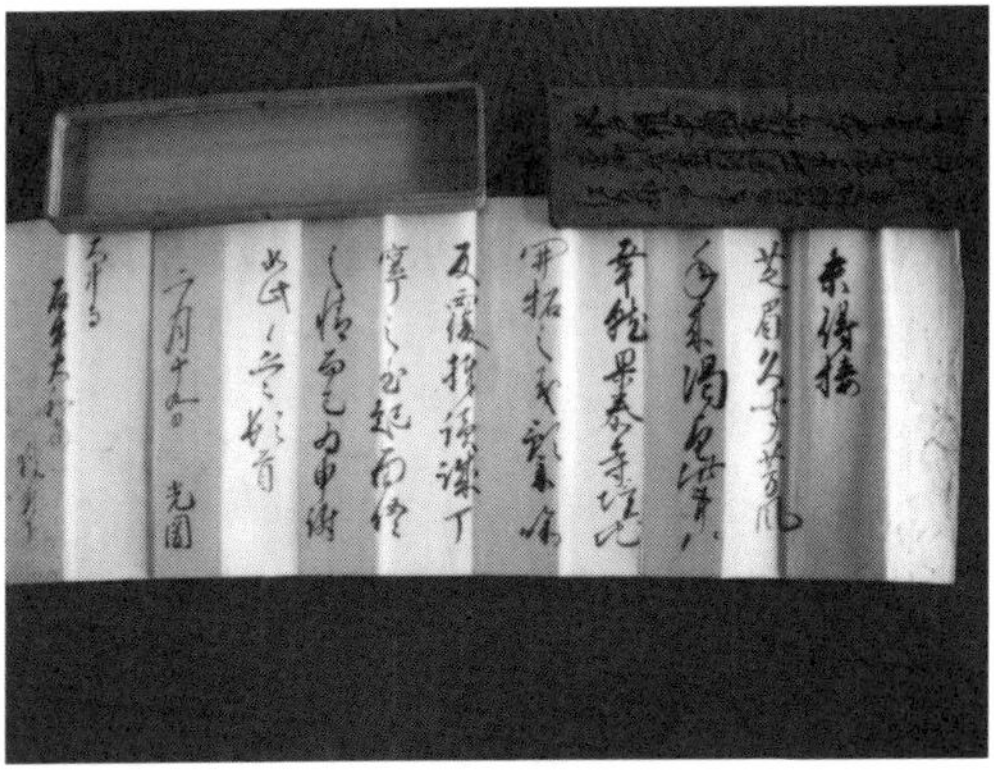

石牛大和尚あて義公書簡

書簡の文面から推測すると、義公は下野大中寺の石牛大和尚に、「杲泰寺境地開拓の義」について、何事か依頼することがあったと思われる。それに対し石牛大和尚は周旋するところがあり、義公の期待通りに事が運んだのであろう。この書簡は、石牛大和尚の骨折りに対する、義公の感謝の気持ちを書き送ったものであろう。

「杲泰寺境地開拓の義」が具体的に何を指すかはわからないが、牛久保師が「朴巌さんはこの寺から、曹洞宗の本山の総持寺の住職に出られたんですよ」と、この時ふと漏らされた。この書簡は、あるいはそのことと関係あるかもしれない。

その総持寺といえば石川県にある大寺で、曹洞宗においては永平寺と共に最も権威ある寺である。義公の知遇を得た朴巌和尚が、曹洞の禅風高揚のため檜舞台に立つことになるのも、和尚の仁徳に感じた義公の推薦によるものであったかもしれない。住職から雲水の服装や持ち物などの解説を聞いていた時、「この服装がそれです」といって、壁に掲げてある若い雲水の写真を示された。「立派な顔立ちをした若者ですね」と筆者がいうと、「今、彼は永平寺に修行に行っているんです。この四月に帰る予定です」と答えられた。そう言われた住職はいかにも嬉しそうで、ご自分の後嗣が出来たという期待感にあふれた表情をされた。

初対面にもかかわらず、和気藹々のうちに牛久保師は対面をして下さった。随分と長い時間迷惑をおかけしたので、寺を辞することにした。杲泰寺を訪れてみて、義公が詠んだ七言詩「境閑暫く得たり半日の閑、抖擻す人間塵世の事」の句がわが事のように感じられたことと、住職との語らいは何らわだかまりがなく旧知のようであったことと、二つながらまことに不思議に思われた。

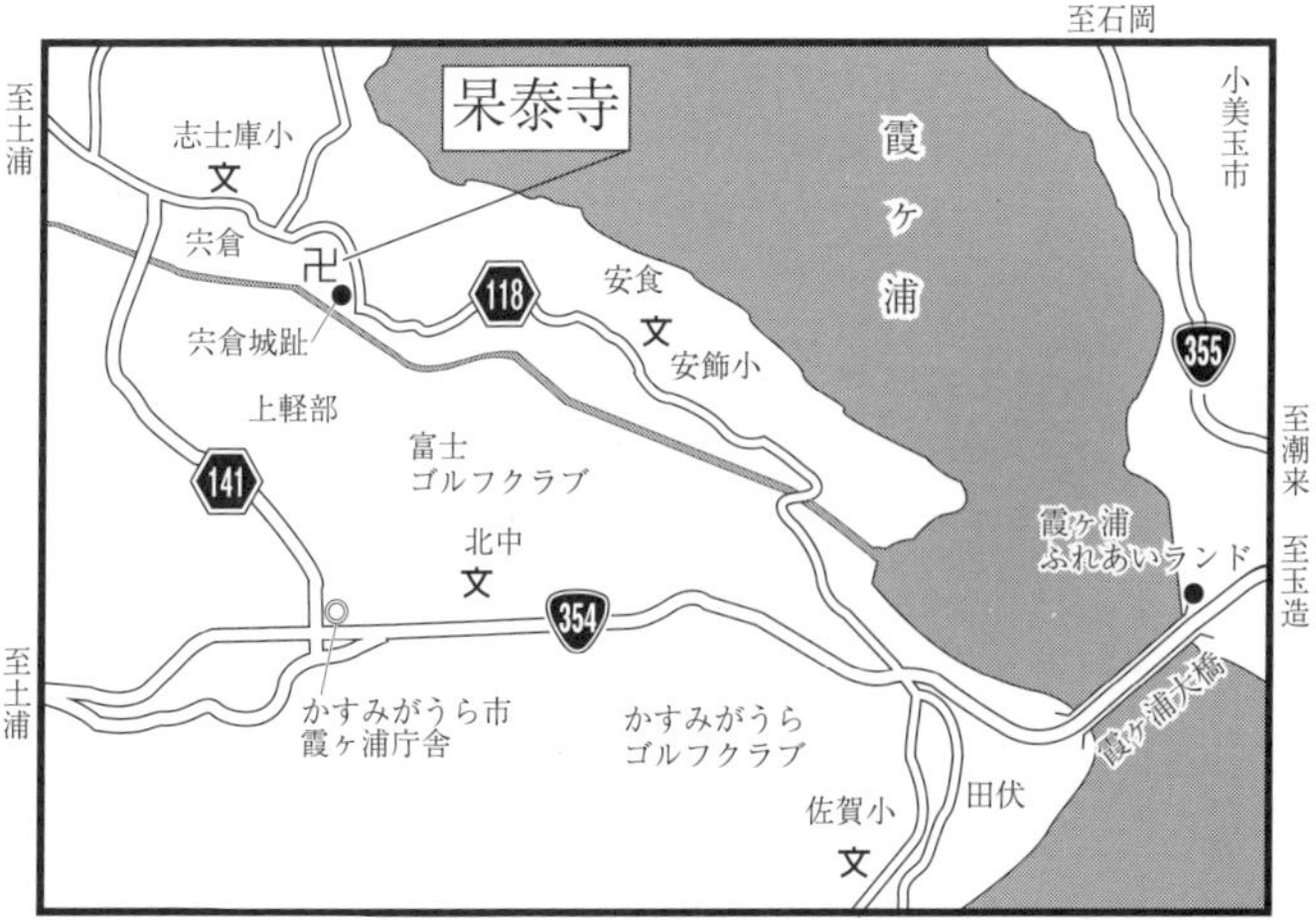

那珂郡東海村

（一）　村松虚空蔵尊と正木湖

水戸から国道六号線を日立方面に進路をとり、笠松運動公園を右に見て二軒茶屋の十字路を過ぎると、間もなく曹洞宗泉福寺がある。その直前の丁字路を右折、常磐線東海駅南側の跨線橋《こせんきょう》を越え直進、五キロメートルほど行くと国道二四五号線にぶつかる。その辺りが、かつて白砂青松の景勝地といわれた村松の地である。そこから左折して五百メートルほど行くと、直ぐ右手に村松虚空蔵尊《こくぞうそん》はある。真言宗豊山派に属する虚空蔵尊は、正しくは村松山日高寺といい、開基は大同二年（八〇七）といわれる古刹《こさつ》である。

現在でも、正月になると近郷近在の善男善女で大いににぎわうが、村松虚空蔵尊といえば、なんといっても十三参りが有名である。三月、四月ともなると、十三歳になろうとする子ども達が親に連れられ参詣する姿を数多く見ることが出来る。十三参りの起源はさほど古いものではなく、江戸時代あたりだという。

『東海村史』によれば、京都嵐山にある法輪寺において始まったのが最初とされ、天明四年（一七八四）に書かれた『京城勝覧』には、「近年三月十三日、十三歳になる都の男女参詣することおびただし。是を十三まいりという」とあり、また一書に「この参詣古きことにあらず。四十年余りにして近年別して盛んなり」とあるというから、江戸時代の後期頃盛んになったと考えられよう。数え年十三歳というのは生れてから最初の厄年《やくどし》にあたるといわれ、また大人への節目の年でもある。虚空蔵菩薩の縁日三月十三日に参詣することにより、学問・記憶をつかさどる菩薩から、智恵と福徳を授かろうという風習が盛んになったのであろう。

虚空蔵尊仁王門

筆者も四十数年前の三月のある日、父に連れられて弟と一緒に参詣したことを懐かしく思い出す。その時分はちょうどわが国最初の研究施設である日本原子力研究所が建設中で、虚空蔵尊の建物はまだ白砂青松の美しい景色のまっただ中にあり、参詣のあと人々は洋々とした太平洋を眺めて帰るのが習わしであった。

義公が村松の地を訪れるのは、西山荘に隠居してからはしばしばであったと思われる。公は村松を通り那珂湊にかなりの回数訪れているからである。『日乗上人日記』を見ると、元禄五年（一六九二）二月二日、公は那珂湊に出かけて磐船願入寺《いわふねがんにゅうじ》に遊び、「御ちや屋に出御」し、華蔵院《けぞういん》に行き、二月七日には馬で村松を通り西山荘に「帰御」している。ここから西山荘へ帰る途中の道筋である額田鈴木家には、西山荘と水戸御殿への行き帰りなどにしばしば立ち寄っていることから、湊への往復にも休息に立ち寄っていたことと思われる。

義公と虚空蔵尊との関わりは、天和二年（一六八二）、公が真言宗日高寺《にっこうじ》と照沼の地にあったとされる五所明神《ごしょみょうじん》とを分離し、真言宗日高寺を修験道に改宗した時が最初であろうか。一時衰運にあったこの寺は、長享元年（一四八七）白頭上人によって再興されたという。多くの信仰を集め塔頭も数多くあったが、神仏混淆となっていたからこれを改めたのである。貞享三年（一六八六）になると、公は朽弊しつつあった虚空蔵像を修復しており、その蓮華台には左のように刻したことが『常山文集補遺』に見えている。

虚空藏菩薩像修理記

常州那珂郡村松浦。隷二予封内一。浦有二虚空藏菩薩像一。日域三虚空藏之一。而靈應日新。然歳月之久。像軀朽弊矣。方今命レ工修飾。以安二置之一云。

貞享三年歳次丙寅臘月穀日

參議従三位兼右近衛権中將水戸侯源光圀識

「日域」とは日本のことである。義公は、わが国三虚空蔵の一つである村松の虚空蔵像がかなり傷んでいるので心を痛め、これを修復して元の通りに安置したというのである。神社仏閣や仏像など由緒あるものは詳しく調査し、保存の必要があるものは元のように悉くこれを修復し、後世に伝えようとしたのが公の方針である。今でいう文化財保護の先駆的な一面を見ることが出来よう。

ここで日域三虚空蔵とは、福島県柳津にある霊巌山円蔵寺、三重県浅熊《あさま》の勝峰山兜卒《とそつ》院金剛証寺、そしてこの村松の村松山日高寺であるという。また、村松・柳津両虚空蔵尊と千葉県天津小湊にある千光山清澄寺の虚空蔵尊を、東国三虚空蔵という場合もあるということである。

さらにこの寺には、霊験木《れいけんぼく》といわれる木片が伝えられている。長さ約九十センチ、幅十センチ、厚さ四センチの木片であるという。虚空蔵像の修理を記した同じ『常山文集補遺』には、

靈驗木記

用㆓頭髪㆒貫㆑錢五十三。釘㆓著此木㆒。元祿二年己巳九月十三日。
漂㆓着村松海岸㆒。土人得㆑之。奉㆓納虚空藏堂内㆒。
蓋舟人遭㆓風難㆒。禱㆑神之所㆑爲乎。

別当　龍藏院

圓藏院安久

船主陸奥國南部小左井伊勢屋與兵衛。船頭伊勢國黒邊村人太郎兵衛。其餘十七人諸州水主。不レ詳二其名一云。

とあり、括弧書きで「義公、右の次第を記し彫刻奉納」とある。

江戸時代になり、世の中が落ち着く寛文年間頃になると、河村瑞賢などが江戸と東北の間に船を往来させ、多くの物資を船で移動できる海運業が盛んとなる。これに従事する船乗りも各地から集まってくる。青森の十三湊《とさみなと》や石巻から那珂湊を経、江戸湾に入る航路は海難事故も多かったようである。水主《かこ》達が大嵐に遭遇した時、自分たちの髪の毛と銭を板に結びつけ神仏に祈ったところ、難を逃れたという言い伝えが残る。この霊験木の文からは、水主たちの祈りが伝わってくるようである。

『桃源遺事』「巻之四」に、

自然の御用の爲に大船を御作らせ候。是は大灘洪濤《こうとう》をも安々と渡海仕候様にとの御心也。且又那珂の湊に於て、毎冬御水主の者に仰つけられ、鯨を御つかせなされ候。此段御物入のよし役人とも申上候得は、水主の者共海上を鍛錬仕候爲と覚召候よし。

とあるように、義公は海事については早くから大きな関心を持ち、捕鯨やさらには蝦夷地の探検も命じているほどであるが、当然のことながらそれには大きな危険が伴なう。そのために大洗と磯原に天妃神を祭り、航海の安全を祈ったのである。

同書「巻之四」に、

那珂湊の側に石舟山といふ有、鹿島郡此山上へ天妃神と申神を初て御祀りなされ候。此神ハ海上風波の難を救給ふ神也。これによつて漁人ともことの外信仰仕り侯。幷其社頭の側に大なる行燈を御こしらえさせ、夜ミ燈明をかゝけさせ、海上より湊の目印になされ候。又鐘を仰付られ、十二時を御つかせ侯。是も廻船幷漁村の爲に被㆑成候。天妃神は多賀郡磯原と申海邊にも御まつらせ被㆑成、且燈明をもかゝけさせられ候。

とあるのがそれである。

海上での事故は多くの人命損失に繋がる可能性が高い。事故が起きないよう、普段から万全の対策を取っておく必要がある。そう考えての措置が行燈《あんどん》の設置であり、鐘の設置であろう。しかし、船の航行は天候次第、現実には事故を防ぐことには自ずと限界がある。そこで人事を尽した上で、航海の安全を祈るため、那珂湊には水主達に信仰の篤い天妃神まで祀ったのであろう。まことに親切といわなければならない。だから村松海岸に流れ着いた霊厳木の存在に気づいた義公は、そこに込められた祈りを尊び、後世に伝えるべく彫刻せしめたのである。

元禄九年（一六九六）六月、義公はこの地に遊び漢詩を詠んでいる。『常山文集』「巻之四」に見える「村松に遊び月の東溟に昇るを観る」という五言詩がそれである。

扣鞍遊此地　　鞍を扣《たた》き此地に遊べば
空藏殿堂新　　空藏殿堂新たなり

月出村松海　月は出づ村松の海
風清正木濱　風は清し正木濱
雲横雲碎玉　雲横たはり雲玉を碎き
浪動浪淘銀　浪動いて浪銀を淘《よな》ぐ
設席白沙上　席を設く白沙の上
終宵酌醉醇　終宵《しゅうしょう》酌して醇《じゅん》に酔ふ

六月四日の詠と思われるこの詩からは、虚空蔵殿が新たに完成したからであろう、月夜に席を設け酒を酌み交わしている情景が伝わってくる。頬をなでる風はあくまで心地よく、月の光が照らし出している波の砕け散る様子は、銀の玉を一瞬に飛び散らせたような美しさであった。このような光景は他にも見られようが、村松は白沙青松の景勝地、義公にとってその美しさはまた格別であったろう。

同じ日のことであろうか、「正木湖卽景」という七言詩も載せられている。

正木湖邊棹夕暉　正木湖邊夕暉《せきき》に棹《さお》さす
水煙風緩晩涼微　水煙風緩《ゆる》み晩涼《ばんりょう》微《かすか》なり
暫時倚柑放望眼　暫時柑《かい》に倚《よ》りて望眼《ぼうがん》を放てば
點破青松白鷺飛　青松を點破《てんぱ》して白鷺飛ぶ

正木湖は虚空蔵尊の南にあった湖である。虚空蔵尊の御手洗池《みたらし》といわれ、相当広い湖であったところから、湖に船を浮かべて船遊びをしたものと思われる。義公の時代、正木湖の周辺は青々とした松林が連なった景色が見られたことであろう。その松林を背景として、白鷺が点々と飛んでいる。一服の名画を見るような風景が展開していたのである。

しかしその正木湖は今はない。安政年間頃干拓が行われ、見事な美田に生まれ変わっている。関山豊正氏著『那珂湊大戦の終末』を見ると、正木湖は「真崎浦」とあり、かつては海と続いていた時代が長かったとある。やがて入江が塞がり淡水湖となると、村松沼、薦《こも》沼、素絹《そけん》の沼、正木浦などと呼ばれたともいい、江戸時代には真崎浦と記録されているという。

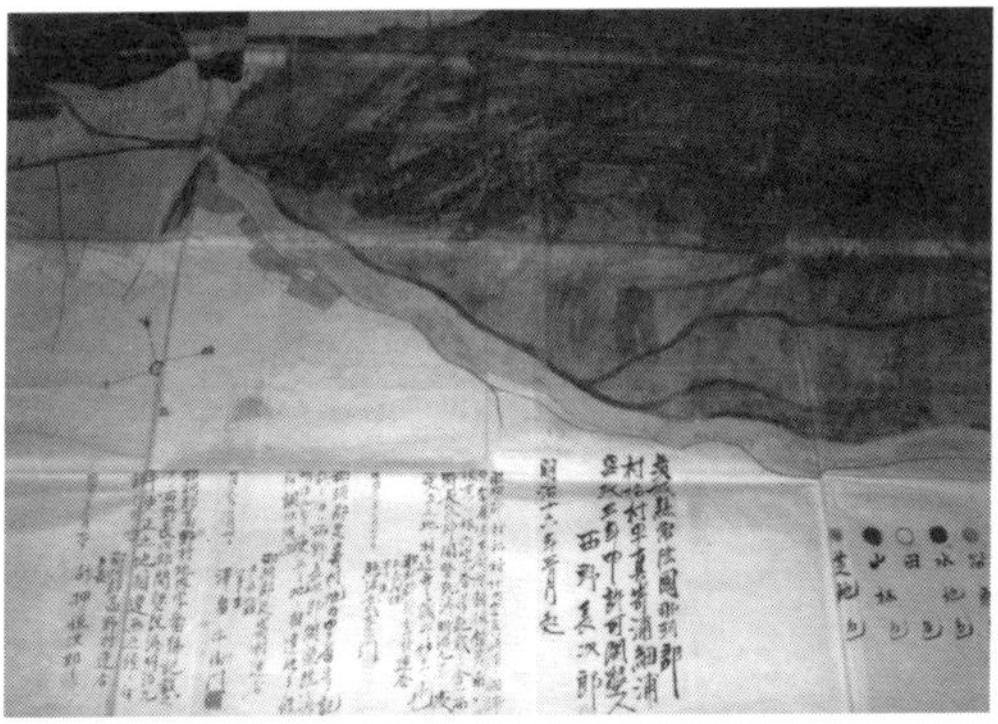
真崎浦絵図（西野晋也氏所蔵）

この真崎浦は湖面が満潮時の海水面より低かったことから、大雨が降ると付近の村々は治水工事が年中行事となり、大いに苦しめられたのである。そこに真崎浦の干拓を志す人物が現われた。西野長治郎である。代々那珂湊の酒造家として財を成した西野家に生まれた人物である。弟の新介の名で開墾の許可を得た長治郎は、安政三年（一八五六）八月湊村から村松村に転居し、干拓に着手したという。同書には、近郷無産ノ人々ヲ呼集メ、新農二十二戸ヲ取リ立テ食ヲ与ヘ農具ヲ貸シ、之ニ開墾地幾分ツツヲ割当テ、而シテ〆数十人ノ力ヲ併セ漸ク熟トナルモノ凡ソ二十餘町歩ニ及ブ

とある。かなりの干拓が進み、当初その面積は「凡《およそ》百六拾丁程」であったという。当時は「細浦」と呼ばれていた地域で、事業資金はその私財二千両を投じたといわれる。しかし、その途中に起こった元治甲子の戦いに天狗党として国事に挺身した長治郎は、市川勢に捕縛され、慶応二年（一八六六）水戸評定所にて獄死する。悲願は子孫に受け継がれたという。その後真崎浦の干拓は幾多の変遷を経、現在の広大な美田に生まれ変わったのである。

西野氏の子孫は今どうなっているかと調べてみると、意外にも、筆者の高校時代からの友人西野晉《しん》哉《や》氏の家がそうであった。平成二十年（二〇〇八）正月、あらためて東海村に氏を訪ねた。氏との付き合いは四十年に及ぶ。氏は温厚篤実な人柄で、推されて高校時代の同窓会「至誠会」の事務局長を務め、同窓の信頼は極めて厚いものがある。同時に氏はまれに見る孝子で、御母堂が九十歳を越えながらも健康かつ頭脳明晰であったことは、氏の孝行の故でもあったろう。干拓についてお聞きしようと思っていた矢先、同年三月に帰幽されてしまったことは返す返すも残念であった。

しかし、氏が先祖の業績について相当詳しかったのは幸いなことであった。例えば各書に開拓を始めた人物を「長次郎」と表記しているのは間違いで、正しくは「長治郎」であること、氏は「長治郎」から数えて七代目の子孫であること、干拓図は今でも保管していることなど、大変参考になるこ

とを聞くことが出来た。氏は最近になり、その屋敷地を東海村に寄付したという。その中には、干拓の頃真崎浦に直接舟で行けるよう水路を引いた跡が残る。そこは築山などもあって、秋には紅葉が見事である。筆者も何度か訪れ、景色の美しさを味わっているが、それを惜しげもなく寄付してしまったという。氏が先祖から受け継いでいる義侠の精神のなせる業であろう。

孝子といえば、義公時代にも村松にはいた。『桃源遺事』「巻之三」を見ると次のような記事がある。

那珂郡村松村に次兵衛と言まつしき百姓あり。父瀬兵衛とて七十に余れり。治兵衛常々父に仕へて孝心なり。元録（禄）十二年、父瀬兵衛重く悩ミ、終に息絶候。治兵衛泣かなしめる事理に過たり。扨しも有へき事ならねハ親類幷入魂のものとも打より、治兵衛か父の骸に取つきはなしかね候を、むたひに引はなち、棺に納申候所に、一時余り過て、治兵衛申候ハ、父よミかへり候事必定也、棺の中にて息つきの音慥に聞え候とて、しいて棺をあけ、父が骸をとり出しけれとも、蘇生ハ不㆑致候。

此折節西山公那かの湊へ御通り被㆑遊候か、興有事有て、彼村の龍藏院と申修驗者所へ御入候處に蘇生のもの有と所民いひあへるを御醫師鈴木宗与御供にて候ひけるか、いつも御供先によらす、急病あらは御用をも指置早速參り、療治仕候様にと兼〳〵被㆓仰付㆒候故、其まゝ彼家に至り薬を用ひけれ共、息もなく脉もなく、薬咽《のど》に入とも見えさりけるか、自然と薬胸中へ流れ入候哉、暫在て誠に活生せり。

大意は、この村に治（次）兵衛という貧しい百姓がおり、親孝行であった。その父を瀬兵衛といい七十七歳で亡くなった。治兵衛は父にすがりついて離そうとしなかったので周囲の者は無理に引き離し棺に納めた。ところが治兵衛は確かに父は蘇生していると言い張り、棺から父の遺骸を取り出してしまった。

義公一行が丁度虚空蔵尊の龍蔵院に到着した時、医師の鈴木宗与はこの話を耳にし、治兵衛のもとに急行した。公は常々、急病人があれば御用はさておき、直ぐに駆け付けて救助するよう命じていたからである。宗与が薬を与えたが、息も脈もなく咽に入るとも見えなかったところ、自然に薬が胃の中に入ったからであろう、瀬兵衛は生き返った。治兵衛は嬉しさの余り宗与を拝んだという。

義公は、宗与の姿が見えなかったのでどこに行っていたのか尋ねたところ、宗与がかくかくしかじかと事の顛末《てんまつ》を話す。この話を聞いた公は、

寔《まこと》に我此所へ來たらずんハ誰か醫藥をあたへん。彼のもの孝行の徳に感し、天我をして此所に至らしめ、汝をして彼者を療治せしめ給う成へし

といって、

殊外《ことのほか》御氣（喜）色にて、まつしき百姓のよしに候得は、定て食物も宜しかるへからす白米塩（味）噌野菜乾魚生魚等、御膳に用ゆるものを以彼に送りあたふえきよし被㆓仰付㆒候。役人とも承り、早速もたせ遣候。且又、翌日其地御出立の節、彼家に御出（立）より候て、次兵衛を被㆓

召出、随分看病可レ仕よし被二仰付一、御手自金一包御投被レ下、村の役人をめし、宗与方へ病人の容體ゆたんなく申越、薬取寄用させ候様にと被二仰付一候。

ということであったという。

公は自らが食べるべき米、味噌、魚類を直ぐに治兵衛のもとに運ばせ、翌日出立の日にわざわざ治兵衛の家に立ち寄ったのである。治兵衛に面接をした上で、しっかり父の看病をするように言い付け、金一包を自ら与えた。村の役人には病人の容態を医師の宗与に報告し、薬を取りに来るよう命じている。為政者たる者の心構えは如何にあるべきかを示した行為であるといえよう。

義公も希に見る孝子であった事は、『日乗上人日記』に詳細に記されている。母久昌院の命日である十一月十四日前後は必ず潔斎して行いを慎み、法要に臨んでいることがわかる。物事を成し遂げるような人物は必ず孝行の人であるとは古くから言われてきたことだが、義公の村松でのこの処置は、「孝は徳行のもと」ということを生活の基本として顕彰しようとした証でもあろう。

ところで筆者はまだ「霊験木」を見たことがない。そこで西野氏と誘い合わせ、四月六日の日曜日午後、「霊験木」を見るべく虚空蔵尊に出かけることになった。その前に氏のところで干拓図を見せてもらう。畳一畳ほどもある大きなもので、明治十六年（一八八三）三月、あらためて描かれたものであるらしい。二代目の長治郎が署名捺印をしている。これを見てから虚空蔵尊に出かけた。

西野家と虚空蔵尊は目と鼻の先である。受付で住職に取り次ぎをお願いすると、住職は出かけて留

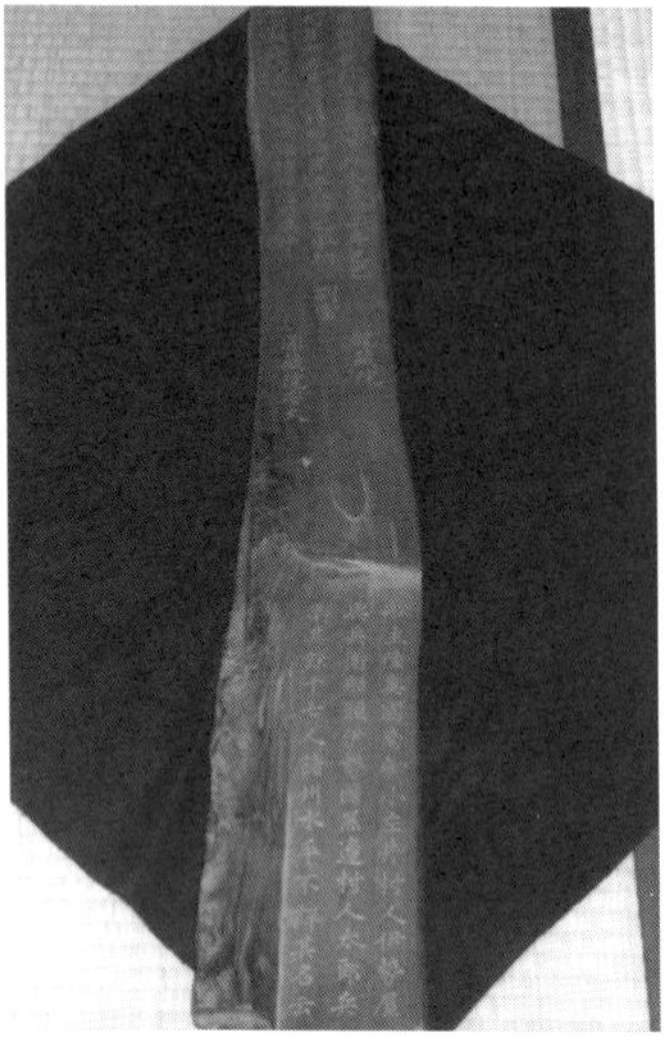

霊験木

守だが夫人ならいますと言う。そこで夫人に取り次ぎを頼んだ。夫人が出てこられたので、訪問の趣旨を西野氏から説明してもらった。するとご母堂同志が知り合いの上、氏とも幼なじみともいう。これは好都合であった。

「霊験木」を是非拝見したい旨を話すと、「どうぞ御覧になって下さい」といって快く座敷に案内され、奥から桐箱の大小を運んでこられた。小さな箱は新しく、中には銅銭五十三枚と髪の毛が古い布に大切に包まれていた。銅銭はほとんどが「寛永通宝《かんえいつうほう》」である。大きな箱が開けられると、紫の袱紗《ふくさ》に包まれた「霊験木」が姿を現した。表には墨書があり消えかかっているが、裏には義公が彫らせたという文字がはっきりと見える。想像していたものとは異なり、なにか神々しいものを感じた。写真を撮らせていただいた。

これらを前にしながら、住職夫人も義公について関心があるらしく、筆者に幾つか質問をされた。主に公の人柄についてであった。西野氏も交えて話をし、考えるところを述べたが、これは難しい質問であった。「未だにはっきりとは捉えられておりません」と正直に申し上げた。筆者も虚空蔵尊について何かとお聞きをしたが、「詳しくお知りになりたければ差し上げましょう」といって、創建千二百年を記念してまとめられた、『村松山虚空蔵堂縁起』という書物二冊を持って来られ、われわれに下さった。虚空蔵尊に関する資料を集めた本であった。

その後もいろいろと懇談するところがあったが、夫人は終始謙虚な態度でわれわれの話に耳を傾けられていた。虚空蔵尊は人の出入りも多いらしく、時間も相当経ったので失礼することにした。夫人は玄関の板の間に端座されてわれわれを見送って下さったが、その姿には虚空蔵尊を護って来られているまごころが溢れ、何とも感銘を禁じ得なかった。

（二）　大神宮と阿漕が浦

大神宮がある東海村村松の地域は、古来聖域として崇められていた。北に阿武隈山系がなだらかな曲線を描いて海に迫り、久慈の清流が糸を引くように太平洋に流れ込む。その南に位置する村松は、原子力研究所や関連施設の近代的な建造物がなかった時代には、海岸線がゆったりと美しいカーブを描き、真崎浦《まさきうら》、阿漕《あこぎ》が浦の二湖を配した、文字通り絵のような景色が展開していたのである。

『東海村史』によれば、寛文年間に水戸藩で作成した『鎮守開基帳』には次のようにあるという。

村松山五所大明神ハ、桓武天皇の御宇ニ常陸國吉田郡戸田之郷磯崎濱ニ御着ニ成らるるの時禁中に於て種々奇瑞御座候　帝　不思議ニ思し召され内侍ニ託宣仰せ付けらる年ニ東國ニ阿字浦と云ふ所有り則伊勢の内宮金剛界の大日と御有りと縁起ニ御座候又平城天皇ノ御宇ニも奇瑞御座候に付き大同元年ニ平城天皇ノ御建立成され候其の後慈覚大師伊勢崎間の虚空藏を表し虚空藏菩薩を神宮寺と御建立成され候則村松山日高寺と縁起ニ相見へ申し候

奈良から京都に都を移した桓武天皇の時代（七九四〜八〇五）、村松の地で伊勢神宮に関する奇瑞が見られたことを記しているのは、この地がもともと清浄の土地柄であることを示している。これに加え、平城天皇の大同年間（八〇六〜八〇九）には、神宮の建立があったとされる。その後、中世の神仏混淆が盛んであった時代になると、神宮寺ができて虚空蔵菩薩が招来された。時代は下って元禄年間義公の神仏分離となり、現在の大神宮と虚空蔵尊のすがたに分かれたのが、元禄九年（一六九六）のことであったろう。

大神宮大鳥居

また『茨城縣神社誌』「大神宮」を見ると、

和銅元年四月七日平磯前浦の巨巌怪光を発射しその光真崎の浦に留る。住民畏れて占う「伊勢の神なり」と、垂示にしたがって奉斎。祀職伊勢からきて奉仕した。

桓武天皇の御代に奉幣あり。大同年中、平城天皇より「村松五所明神」と賜り、嵯峨天皇の御宇奉幣あり、又康平三年源頼朝父子征奥軍を進めるに当たり当社に戦勝祈願をし、社殿を造営、神領を寄進。中世の変遷甚だしく、神宮寺の建立で神仏習合を生じ、祭祀も乱れ、且戦乱のため社殿を焼かれたり、神領を侵犯される等のことが重なって荒廃した。永享七年神爾を奉持して奥州名取郡藤塚に奉遷したこともあった。徳川開府によって、朱印地三十三石一斗九升と神地二十余町の寄進あり。元禄七年水戸藩主光圀公命によって神殿を造営し、同九年伊勢より御分霊を奉還し「大神宮」と尊称、多くの神宝、神器を奉納、藩主の参拝があった。

とある。

『茨城縣神社誌』を見ると、和銅年間(七〇八～七一四)、すでに信仰上の契機があってこの地に伊勢の神が祀られるようになったことが記載されているから、大神宮の草創はさらに遡ることになる。いずれにせよ今から千二百年以上も前の、古代における出来事であったことに違いはない。

さて、村松の地名について調べてみると、当地の村松という地名は、室町期にすでに見られるという。『神明鏡』という書物には「常州村松」とあり、連歌《れんが》で有名な宗祇《そうぎ》の『宗祇法師集』に、「村松虚空蔵菩薩」の歌があるという。

また、村松大神宮の西に位置する阿漕が浦は古くから大神宮の御手洗池《みたらしいけ》と伝えられ、漁猟が禁じられていた。ただし、正月の十三日になると魚を獲るための網が入れられ、獲れた魚が神前に供えられたという。さらに阿漕が浦の魚はすべて片目であるともいわれる。もともと阿漕が浦の魚は伊勢の皇

現在の阿漕が浦

大神宮から移されてきたもので、遠い距離を運ばれて来るうちに、片目が竹簀で磨《す》り潰されたからだと言い伝えられる。また一説には、神前に捧《ささ》げる魚なので、他の魚と区別するため目印として片目を潰しておいたからだともいう。

肝心の伊勢神宮周辺の地名についてみると、現在の伊勢市に村松町があるが、平安期の和歌に村松の名が現われ、中世には伊勢神宮領が成立、村松御厨《みくりや》が置かれたという。江戸時代は鳥羽《とば》藩領であり、神宮の外宮《げくう》禰宜《ねぎ》度会家行《わたらいいえゆき》の居宅が置かれたことから、度会氏は村松長官と呼ばれたという事が『日本地名辞典』などに見える。

また阿漕が浦については、鎌倉時代の安濃《あのう》郡の中にその名が見える。現在の津市岩田川以南の海岸がそれに当たるらしい。もともとこの地は、伊勢神宮の御膳調達のための禁猟地であったという。ところが、阿漕平治《あこぎへいじ》という漁師が母の難病に効く「ヤガラ」という魚を密漁した。暫くは気付かれなかったが、何度か獲っているうちに人の知るところとなり、遂に捕えられてこの浜で処刑されたという。これが阿漕が浦の名の由来であるという。

また歌枕としても知られ、『夫木《ふぼく》和歌集』「巻二十三」に「あふ事をあこぎの島にひく鯛のたびかさならば人知りぬべし」の一首がある。歌中の「あこぎ」という語は、「たびかさなれば」を引き出す枕詞としてしばしば使われているが、それはこの故事を踏まえているのであろう。

さらに鎌倉・室町時代の歌謡を集めた『宴曲抄《えんきょくしょう》』に、「安濃が浦に塩木積むなる海人のすむ」とあり、『大神宮参詣記』には「あこぎが浦をすぎ行ほどにしほやのけぶり心ぼそくて」とあるというから、伊勢神宮周辺は製塩業が盛んであったことが知られる。常陸の村松も製塩が盛んであったことから、両地の関連性を考えることが出来よう。

このように見てくると、伊勢の村松と常陸の村松の地には多くの共通点があり、古い時代においてすでに何らかの関係があったと考えることは、根拠のないことではない。

さて、義公が西山荘に引退した後、村松を訪れたのはいつのことであったろうか。元禄七年（一六九四）に神殿を造営していることから、それ以前にこの地を訪れていることは間違いなかろう。『日乗上人日記』などによれば、元禄四年（一六九一）十月二十日、すでに水戸から訪れていることがわかる。翌元禄五年（一六九二）二月は湊に「御成り」になり、岩船から「御ちや屋」に出御、華蔵院《けぞういん》に立ち寄った後、二月七日村松を通って西山荘に戻っている。

元禄七年は、将軍綱吉の命により二月二十八日に江戸に上り、水戸に帰るのは翌八年一月のことであった。元禄七年から神殿の造営を行っているので、江戸行きの前にここを訪れ、いろいろと指示を

大神宮本殿

していたと思われる。いつのことであろうかと調べてみると、二月二日に水戸に行きそこから湊に廻って湊御殿に滞在している。二月七日に湊御殿を発ち村松を経て西山荘に帰っているから、この時既に神殿は造営中であったと考えられようか。
元禄九年になると、神殿が完成したことから、伊勢神宮の御分霊を奉還して大神宮と称することとし、併せて多くの神宝、神器などを奉納した。大神宮の発展を期したものということが出来よう。
大洗願入寺《がんにゅうじ》の建立は、藩民が遠く京都本願寺まで参拝に行って不慮の事故などに遭うことがあったので、藩民の便宜をはかるという事が理由の一つであった。大神宮の造営もまた、藩民が伊勢まで行かずに参拝出来れば困難に遭わずに済み、費用もかからずに済むというような配慮であったのかもしれない。
『日乗上人日記』四月五日の条を見ると「午後いそへ出御、中門迄如例。御おくり出ずる也」とあり、義公の「出御」をいつもの通り久昌寺の中門で見送ったことが記されている。西山荘に帰るのは四月七日である。「黄門公湊より帰御ノ由、夜ニ入テノ事也とぞ」とあるのがそれである。その四月七日には、村松から磯前までの阿字ヶ浦海岸で競馬が行われていることが知られているから、義公はそれを見物してから西山荘に帰ったのであろう。

『加藤寛斎随筆』を見ると、「水戸競馬」として次のような記述がある。

賀茂、伊勢、水戸の競馬を本朝三競馬と云とぞ、当国村松五社明神ハ、古東国悪鬼退治せし時、村松神軍将として八百万神をして攻給ふ、其時相図の狼煙を揚て諸手江告たるに、諸方の軍勢早馬ニて来リ、磯崎の海岸に屯せし時の古事を不舎して、年々狼煙を上ゲ乗出す也、義公の尊命ありて波打際を走らす、其以前ハ村松の橋際に縄張し、馬の首を揃へ、役人其縄を切捨るを相図として駆出せしとぞ、山の閑道を走り、或ハ海辺ニよりて出るもあり、己がさま〴〵に乗付迄遅速を争う（ひ）しが、正路に非ざるをもて、当時の乗出の地に定給ふ、五所明神ハ　義公地神天照大神と御定ニ遊しより、今ハ伊勢の大神の写と思ふ、競馬ハ往古より伝るとぞ、競馬と金砂の田楽ハ当国の古雅にして、余国になし、高野　足崎　長砂　照沼　村松　此村々ニ祭りある所の明神を、古昔寄宮にせしといふ、右ハ古老の説、

この記事から、寛斎の時代になると、村松の競馬は京都の賀茂《かも》神社、伊勢神宮の競馬と並んで、「水戸競馬」として全国に知られていたことが窺える。

記録によると、この競馬は当時の長砂《ながすな》村から三頭、高野《こうや》村から二頭、須和間《すわま》村から一頭、計六頭が出、村松大神宮からスタートし大洗磯前神社の決勝点まで駆け抜けるという勇壮な競馬であった。決

勝点に着くとそれぞれが手にした鉾を投げつけ、その年の豊凶を占うというものである。この神事は付近の神社でも鎌倉時代頃から行われていたが、義公がそれを一本化し、競争の道筋もきちんと定めて盛大に行われるようにしたといわれる。いずれにしても行事の簡素化をはかり、神事の盛大なることを期したためであろう。今に至るまで尊崇を受けている大神宮の基礎は、ここに築かれたのである。

元禄十年（一六九七）には、四月、六月、十月の三回にわたり村松を訪れた可能性があり、そのうち六月と十月は村松に宿泊をしている。恐らくは虚空蔵尊の龍光院であった可能性が高い。翌元禄十一年（一六九八）は二月に村松を訪れ、同月二十一日は湊に出ているから、村松に宿泊していたことも考えられよう。

翌元禄十二年（一六九九）は、正月に村松に出かけたようである。『常山文集拾遺』に「阿漕浦」という七言詩が載せられていることからも知られよう。この詩は「己卯元旦」と「和㆓梶武範歳旦韻㆒」の二首の次にあり、「阿漕浦」の詩の後には、「正月二十二日。遊㆓小川浄堅寺㆒」という詩が載せられているので、正月の十日前後に詠まれた七言詩ということになろう。

「阿漕浦」の詩は次のようである。

勢州縮地阿漕浦　　勢州《せいしゅう》の縮地阿漕浦。
影緑青松際白沙　　影は青松を緑にして白沙《はくさ》に際す。
得致舟中漁網裏　　致すを得たり舟中漁網の裏《うち》。

波紋織出水梭花　　波紋は織り出《いだ》す水梭《すいさ》の花。

すでに述べたように、村松は伊勢神宮を分祠した聖地である。その事実を踏まえて解釈すれば次のようになろう。ここ阿漕が浦は伊勢の地を縮小した土地柄である。生い茂る青松はその池に映え、緑いよいよ濃く、白い沙と美しいコントラストをなしている。正月十三日は、神宮にお供えする魚を捕ることが許される唯一の日である。願いが叶って清閑とした湖に網を投げ入れれば、その波紋は水の梭《ひ》が織りなす織物のように水面に広がり、美しく見事である。今回の「殺生」は今までのような遊びではない。神宮にお供えする魚を義公自ら獲って供えようとした時の七言詩、といえないであろうか。

正月十七日になると、水戸から南領の小川方面に出かけた義公は、玉造、潮来、千葉県佐原まで足を延ばし、帰路は海老沢から湊に回っている。この時、佐原の伊能家に立ち寄っているらしいのは、何か事情があるのかもしれない。湊から村松を経て西山荘に「帰御」したのは、二月二十四日のことであった。

さらに五月になると、四日に「大君むら松へ出御、是より又湊へお成ノ由」と『日乗上人日記』に見える。九日になると、「湊御成先より御用申来ル。三昧堂無住ニ付、内々被仰出、京都本法寺前住日近上人御請待可有由ニ而」などとあり、三昧堂檀林の化主が空席となったので、その相談のため日乗に手紙を送った。事の顚末はすでに前著『水戸光圀の餘香を訪ねて』で詳しく述べた通りであるが、湊への往復の途中、村松にも用事があったことであろう。

また、閏九月三日の『日乗上人日記』には「大君今日湊へ御成」とあり、暫く湊御殿に滞在して尊明公をもてなしたあと、十三日村松に出かけている。

今日むら松へ御出ありて御宿なれバ、道もゆるやかに所々御覧ありて、申ノ下ニむら松につかセ給ふ。御馳走人なほ此ほどの番頭小姓頭等参らるゝ也。御宿ハ前ノ坊竜光院御殿になる。予ハ庄屋所に宿ス。

とある。村松までの道すがらあちこちと見物しての到着であったであろう。この日の宿泊は「竜光院御殿」とあるから、おそらく龍光院には義公の御成り用の「御殿」があったものと想像される。また「虚空蔵堂、村松明神所ゝ御一見あり。まさきが浦、あこぎが浦などいふ御覧す」とあり、到着後は虚空蔵尊や大神宮、近くの真崎浦、阿漕が浦などを見て歩いたことが記されている。これまでも湊までの行程の中で何度も愛でたであろう風景を、特に懐かしんでいたのかもしれない。

翌日になると、

朝のくこまいりて御宿を立いで給う。しほがまのうら御覧ありて御歌などありし。こゝにて伊藤氏渡部氏其外小姓衆三人にも御暇給ハりて立セ給ひぬ。それより百つか原といふ所にて御こしよりおりさセ給ひて、ぬかだまで御かちにて、秋の野、冬かれちかきてい御覧す。人々かちにていとこうじ、御所にもけさのくこのまゝにておハしましけれバ、予ぬかた市十郎所へ人はしらかして、何にても奉りてんやと申遣しけれバ、あるじハ留守なれど、うし其外女ばうなどかいかいしてもてなし奉りてくこ奉りける。

とあるから、塩竃の浦という所を見学しながら歌を詠んでいる。地名からすると製塩業が営まれていたと思われる。近年の村松海岸の発掘調査などにより、製塩の跡が発見されていることも参考になろう。同行の尊明公をここに案内したのである。

そこから「百つか原」という所まで駕籠で行き、額田までは秋の風情を楽しみながら徒歩で行ったようである。「百つか原」という地名を今の地図で探してみると、東海駅の北側辺りに「百塚原団地」という地名があるから、おそらくその辺りのことである。

しかし朝飯を食べただけで、しばらく何も喉を通していない。これでは体が持たないとばかり、日乗は気を利かせて額田の鈴木市十郎宅に人を遣り、何とかやり繰りして食事を出してもらった。これもひとえに、義公が常日頃から市十郎宅に「御成」になっていたからである、とその日記に感想を書いている。前にも書いたが、市十郎には水戸から万妃が嫁いでおり、義公はそこをしばしば訪ねていたから、このような急なやり繰りが可能であったのであろう。

さらに十月十五日「大君みなとへ御出」とあり、十九日には村松に一泊して二十日に西山荘に「帰御」したという記録があることから、村松での宿は龍光院であったことと思われる。十一月下旬にも湊に行き、十二月十四日「晴又雪少、大君帰御」とみえるから、この時も村松を通過していたことであろう。

元禄十三年（一七〇〇）は、義公薨去の年である。しかし、正月十二日に水戸城に入り、十四日からは南領方面即ち潮来・玉造方面に出かけている。西山荘に帰るのは二月八日、約三十日間に及ぶ大旅行であった。この時期、病魔は刻一刻と公の体を蝕んでいたであろうに、その気力に驚かざるを得ない。

三月、六月、閏九月と相次いで湊を訪れているが、村松に宿泊したことがはっきりしているのは十一月のことである。十月二十七日、水戸から舟で那珂川を下り、湊へ入ったと思われる。西山荘に帰るのが十一月二日、その前日朔日に村松に宿泊している。湊の風景を心行くまで眺めるという、所謂「見納め」の行であった可能性がある。おそらく、村松も同様であったろう。

なぜなら、この年の四月十一日の『日乗上人日

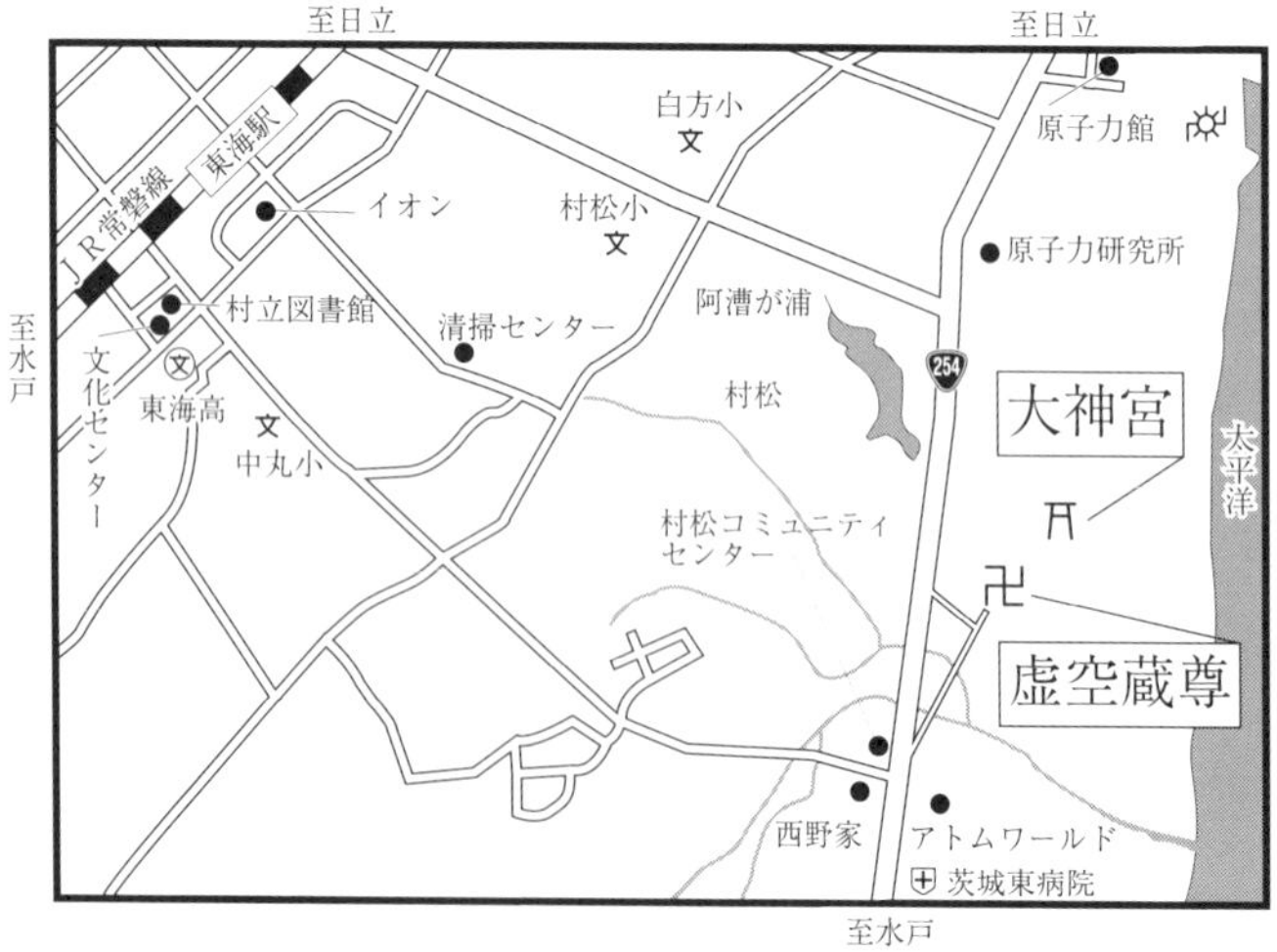

記』には、「今日ハ御つかえおこりて物もまいらず」とあり、義公の体はすでに尋常の状態ではなかったからである。さらに十月十三日の同日記には、「大君御不例之事重ク御脈たえたる由」とあり、深刻な状況であった。にもかかわらず無理をおして湊に滞在し村松に宿泊しているのは、湊や村松の地が公にとって宗教政策的な意味においても風雅の道においても、すこぶる重要な土地柄であったからではないであろうか。

あとがき

人との出会いというものは不思議なことだとつくづく思う。玉造の大場家を訪問した時、孝子弥作のご子孫がいれば是非会ってみたいと思いながら浜という地区に赴いた。まず東福寺に行き、近くを歩いていた老婆に弥作の子孫について尋ねてみた。すると筆者の顔をまじまじと眺め「よく似ているねえ」と言う。「誰にですか」と言うと「その弥作の子孫だよ」と言う。その家を教えてもらい半信半疑で訪ねて見て驚いた。なるほど良く似ていたのである。

また潮来地区を調べていた時、土地の歴史に詳しいらしいというある史家を訪ねた。娘さんと思われる方が出てきたので訪ねた理由を述べると、「そのうちどなたか来ると思っていました。でも父は亡くなりました」と言うのである。あとで聞くと「お母さん、潮来の歴史を調べているという、お父さんに似た方が来たのよ」と母君に報告したという。

このような出会いを通して感じるのは、歴史の実相というものは、見えない糸で繋がる世代を超えた人と人の重層的な関係のことではないか、ということである。「絶《た》えたるを継《つ》ぎ廃《すた》れたるを興《おこ》す」という義公の言葉も、歴史の真実を見つめたことから発せられた言葉と考えられる。父祖の言葉に謙虚に耳を傾け、その精神を受け継ぐ心無くしては歴史を理解することはできず、歴史は断絶する。

フランス革命を痛烈に批判したエドマンド・バークもこのことについて、

いやしくも国家たるものわれわれが襟を正したくなるような良い慣習を持っていなければならない。麗しくない祖国を愛するものはいないのだ。（中略）慣習が消滅するとき社会秩序は根底より揺るがざるをえない。しかしその場合も権力は何らかの形で存在しつづける。その慣習というものが失われた以上、秩序を維持するには最も露骨な手段――暴力に訴えるほかなくなる。（中略）伝統的な慣習を破壊したことのつけはこうやって回ってくるのである。（『フランス革命の省察』）

と述べ革命の狂気に警告を発した。ここで慣習とは醇風美俗と言い換えてもよいであろう。フランスではその狂気が現実のものとなり歴史的断絶を引き起こすが、義公の心配も実はここにあったと思われる。歴史をよく知る者は古今東西を問わずその憂えを一にするのであろうか。今を生きる私どもが十分心すべきことと思われる。

さて、この書を成すにあたっては、さまざまな方々からご支援をいただいたこと前書の時と同じであるが、毎回楽しみに読んでくれている母が今年無事米寿を迎えた。感謝の意を込めて、この書を母に捧げたい。さらに、貴重な史料を提供して下さった各社寺の方々、突然の訪問にも気持ちよく対応して下さった義公ゆかりの地の方々には深甚なる謝意を表したい。また懇切にご指導いただいた水戸史学会の宮田正彦会長、常に激励の言葉をかけて下さった照沼好文顧問、史料の提供などご指導いただいた但野正弘事務局長、梶山孝夫博士はじめ会員の方々、校正の労を執っていただいた薗部等氏ならびに出版にあたり終始大変な御苦労をおかけした錦正社中藤政文社主に心より感謝申し上げる。

平成二十三年十月

住谷　光一

初出一覧

水戸市	六反田六地蔵寺	『水戸史学』第六十九号	平成二十年十一月
	壽昌山祇園寺と心越禅師	『水戸史学』第六十五号	平成十九年六月
	渡里鈴木家	『水戸史学』第六十五号	平成十九年六月
日立市	宮田大雄院と連山禅師	『水戸史学』第六十七号	平成十九年十一月
	助川長山家	『水戸史学』第六十七号	平成十九年十一月
	川尻金成家	『水戸史学』第七十三号	平成二十二年十一月
那珂市	常陸二ノ宮静神社	『水戸史学』第七十号	平成二十一年六月
	瓜連常福寺	『水戸史学』第七十一号	平成二十一年十一月
潮来市	潮来長勝寺	『水戸史学』第七十二号	平成二十二年六月
	潮来石田家	『水戸史学』第七十三号	平成二十二年十一月
かすみがうら市	宍倉杲泰寺	『水戸史学』第七十二号	平成二十二年六月
小美玉市	小川淨堅寺	『水戸史学』第七十四号	平成二十三年六月
	玉造大場家	『水戸史学』第七十四号	平成二十三年六月
那珂郡東海村	大神宮と阿漕が浦	『水戸史学』第六十八号	平成二十年六月
	村松虚空蔵尊と正木湖	『水戸史学』第六十八号	平成二十年六月

〔参考文献〕

『義公全集』（上・中・下）　徳川圀順編
『水戸義公伝記逸話集』　水戸史学会編
『水戸紀年』　石川清秋著（『茨城県史料　近世政治編1』茨城県史編さん近世史第1部会編）
『日乗上人日記』　稲垣国三郎編
『水戸歴世譚』　飯島唯一・鈴木成章編
『桃蹊雑話』　石川久徴著
『加藤寛斎随筆』　加藤寛斎著（茨城県史編さん近世史第1部会編）
『千年山集』　口丹波史談会編
『風土記』　秋本吉郎校注
『万葉集』　小島憲之ほか校注・訳者
『群書類従』　塙保己一編
『六地蔵寺本神皇正統記』　大隅和雄解題
『村松山虚空蔵堂縁起』　村松山虚空蔵堂発行
『茨城縣神社誌』　茨城県神社庁
『新編常陸國誌』　中山信名著
『史記』　吉田賢抗著
『碧巌録』（上・中・下）　入矢義高ほか訳注
『臨済録』　入矢義高訳注

『無門関』　西村恵信訳注
『古文真宝選新解』　星川清孝著
『蘇軾』（上・下）　小川環樹注
『唐詩選』（上・中・下）　前野直彬注解
『唐詩三百首』（1・2・3）　目加田誠訳注
『芭蕉紀行文集』　中村俊定校注
『義公史蹟行脚』　弓野國之介著
『新版水戸光圀』　名越時正著
『水戸光圀とその餘光』　名越時正著
『常陸南北朝史研究』　吉田一徳著
『義公漢詩散歩』　大森林造著
『続義公漢詩散歩』　大森林造著
『連山禅師』（上・下）　大森林造著
『水戸の道しるべ』　水戸史学会編
『小川町のあゆみ』　井坂教著
『水戸藩玉里御留川』　小美玉市玉里古文書調査研究会編
『水郷の文学散策』　大久保錦一編著
『水戸市史』　水戸市史編さん委員会
『新修日立市史』　日立市史編さん委員会
『常陸太田市史』　常陸太田市史編さん委員会

『那珂町史』　那珂町史編さん委員会
『瓜連町史』　瓜連町史編さん委員会
『小川町史』　小川町史編さん委員会
『茨城町史』　茨城町史編さん委員会
『玉造町史』　玉造町史編さん委員会
『潮来町史』　潮来町史編さん委員会
『鉾田町史』　鉾田町史編さん委員会
『鹿島町史』　鹿島町史編さん委員会
『玉里村史』　玉里村史編さん委員会
『美浦村史』　美浦村史編さん委員会
『東海村史』　東海村史編さん委員会
『水府村史』　水府村史編さん委員会
『出島村史』　出島村史編さん委員会

著者略歴

住《すみ》谷《や》光《こう》一《いち》

昭和21年11月1日　茨城県那珂郡神崎村に生れる。
昭和40年3月　茨城県立水戸第一高等学校卒業
昭和45年3月　茨城大学文理学部経済学科卒業
昭和45年4月　株式会社常陽銀行入行
昭和47年3月　同行依願退職
昭和47年5月　水戸市立三の丸小学校講師
昭和48年4月　茨城県立笠間高等学校教諭
平成元年4月　茨城県立東海高等学校教諭
平成8年4月　茨城県立佐和高等学校教諭
平成20年4月　水城高校講師
主な役職　水戸史学会理事

現住所　311-0104　茨城県那珂市堤 217-4

〈水戸史学選書〉　続《ぞく》 水戸《みと》光圀《みつくに》の餘香《よこう》を訪《たず》ねて

平成二十三年十一月　一日　印刷
平成二十三年十一月十五日　発行

※定価はカバーなどに表示してあります。

著　者　住谷光一
企　画　水戸史学会（会長　宮田正彦）
装幀者　吉野史門
発行者　中藤政文
発行所　錦正社
〒一六二—〇〇四一
東京都新宿区早稲田鶴巻町五四四—六
電　話　〇三（五二六一）二八九一
FAX　〇三（五二六一）二八九二
URL　http://www.kinseisha.jp/

印刷所　㈱平河工業社
製本所　㈱ブロケード

ISBN978-4-7646-0291-5